技能大师工作室建设指南

中国职工教育和职业培训协会组织编写

指　导：毕结礼　王晓君

主　编：赵　坚

副主编：张宗辉　桑震凡

中国劳动社会保障出版社

图书在版编目(CIP)数据

技能大师工作室建设指南/中国职工教育和职业培训协会组织编写. —北京：中国劳动社会保障出版社，2013

ISBN 978-7-5167-0841-5

Ⅰ.①技… Ⅱ.①中… Ⅲ.①技术企业-企业管理-指南 Ⅳ.①F276.44-62

中国版本图书馆 CIP 数据核字(2013)第 286929 号

中国劳动社会保障出版社出版发行
（北京市惠新东街1号 邮政编码：100029）

*

北京市艺辉印刷有限公司印刷装订 新华书店经销
880毫米×1230毫米 32开本 5.125印张 100千字
2013年12月第1版 2021年11月第4次印刷
定价：20.00元

读者服务部电话：（010）64929211/84209101/64921644
营销中心电话：（010）64962347
出版社网址：http://www.class.com.cn

序

由中国职工教育和职业培训协会组织，赵坚同志任主编的《技能大师工作室建设指南》同大家见面了。我充分相信，《指南》的出版，将对技能大师工作室的建设、对高技能人才的培养和成长产生积极而深远的影响，对中国职业教育和职业培训事业的发展具有深刻的现实意义和重要价值。为《指南》作序，我感到十分欣慰。

技能人才是我国经济技术发展和国家建设的一支重要队伍。进入新世纪，我国经济技术迎来新的发展阶段和发展时期，尤其是中国加入世贸组织（2001 年 12 月 11 日）之后，国际化进程加快，改革开放的步伐加大，使我国迈入世界制造大国的行列。这是中国人的骄傲，但在发展进程中，人们越来越感到人才的不足，特别是高技能人才的短缺，直接影响到新型制造业的发展。为改变这一现象，在 2003 年召开的新中国成立以来第一次全国人才工作会议上，党和国家开始高度重视技能人才队伍建设，在 2010 年召开的第二次全国人才工作会议上，又进一步强调了技能人才队伍建设，特别是高技能人才队伍建设的重要性。国家将高技能人才队伍建设列入国家六支人才队伍建设之中，确立了高技能人才队伍建设的战略地位和发展目标。在国家高度重视技能人才队伍建设，发挥高技能人才作用的同时，技能人才，尤其是高技能人才培养能力不足的矛盾凸显。用什么样的有效方式又好又快地培养高技能人才，成为技能人才工作的突出矛盾和现实问题。国家技能大师工作室制度建设，正是在这样的背景下诞生的。

技能大师工作室的创建，是在新的发展时期由地方首先创造的。据相关资料证明，苏州市劳动和社会保障局是创建并推动技能大师工作室建设的第一家官方机构，并取得较好的业绩，为技能人才培养和技艺传承创造了宝贵经验。因此，国家拟作为人才制度建设，在全国推行技能大师工作室建设工作。2010 年，人力资源和社会保障部将技能大师工作室制度建设，作为年度十大政策课题之一立项，委托中国职工教育和职业培训协会牵头成立以毕结礼为专家组组长的课题组，开展研究工作。课题组在总结苏州等地建设技能大师工作室（另有不同称谓）的基础上，对国家推进技能大师工作室建设提出了自己的思路和制度框架。尹蔚民部长在课题组提交的报告上做了重要批示："技能大师工作室是技能人才培养的一种新模式"。根据部领导要求，人社部 2011 年开始技能大师工作室建设的试点，截至 2012 年末，全国已建成 200 个技能大师工作室，到 2020 年，全国拟建成 1 000 个技能大师工作室。目前，技能大师工作室建设作为国家培养技能人才的制度，正在逐步推进，健康发展。

技能大师工作室的建立，有着非常重要的意义：一是高技能人才培养模式（培养方式）的探索与创新；二是整合高技能人才培养资源的有效形式；三是职业教育培训自身发展创新的成果。我认为：技能大师工作室的建设，是新型学徒制或现代学徒制的高级形式，是导师制在技能人才培养中的示范。这一新的模式既符合技能人才成长的岗位养成规律，又符合现代学习型社会的发展趋势和职业教育培训的发展规律，即在工作中学习和在学习中工作。它具有很强的生命力和发展价值。但值得注意的是，大家要充分理解技能大师工作室的特定地位、功能和发展规律，不要将其同已有的职业学校、企业培训中心混淆，应按照技能大师工作室的个性化特点推进其科学建设和健康发展，这正是《技能大师工作室建设指南》出版的意义和目的所在。《指南》是一本工作指导书和工具书，在《指南》里，为大家介绍了建立技能大师工作室的基本思路、做法和经验。大家在读这本书或在建立大师工作室的过程中，要特别注意三大关键要素：一是技能大师的选择与定位，没有大师不可能建大师工作室，大师是工作室建立和持续发展的第一要素；二是大师工作室是技能大师技术攻关（或难题破解）和传承技艺（能）培养人才高度融合的场所，二者缺一不可；三是必须有行政的管理引导（指导）和技术支持，以及经费投入，在技术攻关的过程中，确保技艺（能）传承的质量，提升技能人才培养的有效性。

《指南》共设七章，基本包括技能大师工作室建设的各个方面，希望《指南》的面世，成为技能大师工作室建设者和技能大师工作室工作者们的良师益友，成为推动技能大师工作室建设和科学发展的好助手。

毕结礼

中国职协常务副会长

《中国培训》杂志社主编

2013 年 11 月于北京

CONTENTS 目录

第 1 章　概述

1.1　技能大师工作室产生的背景

技能大师工作室在 21 世纪的中国出现绝非偶然，而是在我国经济、社会发展到新阶段，呼唤职业培训和技能型人才培养模式突破创新的大背景下出现的。

第一，经济发展方式转型和产业升级倒逼高技能人才快速发展。企业技能人才是我国人才队伍的重要组成部分，是推动经济社会发展的重要力量。按照中央提出的加快转变经济发展方式要求，我国产业结构的调整目前进入了优化升级的新时期。从结构角度看，由主要依靠第二产业带动向依靠第一、二、三产业协同带动转变。对于第二产业的发展，需要大力发展实体经济，振兴装备制造业，推动我国由制造业大国向制造业强国转变。从提升角度讲，一方面需要限制高投入、高能耗、高污染行业的发展；另一方面需要依靠科技进步和自主创新提升现有产业。从质量角度讲，我国的产品质量和服务质量在国际竞争中还有很大差距，需要进行全面提升，增强企业的竞争力。因此，在我国产业结构调整进入优化升级的新时期，无论是做大做强制造业，还是提升传统产业，无论是提升产品和服务质量，还是提升企业竞争力，都需要一大批人才的支撑，其中技能人才特别是高技能人才在推进产业优化升级中发挥着不可替代的作用。

第二，传统培养模式在高技能人才培养方面存在能力短板，亟须创新。目前，我国技能人才的培养模式主要有学校培养、企业自主培养、校企合作培养和职工自我岗位提升等形式。学校培养主要采取“大班上课，群体实操”的教学方式。企业自主培养，主要是岗位培训和学徒模式。校企合作培养是校企双方优势互补培养技能人才的一种模式，是技能人才培养的必由之路，但对于特殊技艺的高技能人才培养尚显能力不足。这几种模式虽然为我国培养了一大批技术技能型人才，但相对于经济转型发展对创新型高技能人才的迫切需求，培养渠道还不够宽，培养能力显得不足。因为高技能人才培养，特别是那些高技能领军人才身上的绝技绝活的培养和传承，必须“精雕细刻”，靠一般性、常规性培养，很难取得良好的培养效果。总结少数特殊高技能人才的成长经验，基本都是多年来岗位自主学习养成的。随着社会的发展和技术进步，高技能人才的培养，特别是那些掌握绝技绝活技能人才的培养，也需要进一步研究和探讨科学培养的规律，以及培养的有效模式。因此，借鉴高校导师制培养研究生的模式，不仅可以促进技能大师潜心技术攻关创新、悉心带徒传艺，而且让宝贵的高技能领军人才资源充分发挥作用，为又好又快地培养高技能人才服务。

第三，利用现有技师资源培养高技能人才已经积累了很好的实践基础。高水平师资的短缺一直是困扰技能人才培养的瓶颈，破解的方法只有通过挖掘现有技师资源特别是技能领军者群体的资源，丰富其发挥作用的平台，这是最直接和有效的途径。实践层面，以苏州市、上海市、北京市为代表的地方政府，和以中国北车集团、上海电气集团、中国南车集团、中国石油集团、中国石化集团、中国一汽集团、中国航天科技集团、江苏电力公司为代表的一大批企业，采用技能大师工作室（名称有首席技师工作室、金蓝领工作室、劳模工作室、技能专家工作室等）模式组织开展高技能人才培养与技术攻关，取得经济和社会效益双赢的成功实践，为这一新模式的破茧而出奠定了坚实的实践基础。

第四，人才强国战略的强力助推。进入新世纪，党中央国务院针对经济全球化和知识经济不断加深、综合国力的竞争日益表现为科学技术的竞争和人才竞争的现实，在上世纪提出科教兴国战略、可持续发展战略的基础上，于 2003 年又提出了人才强国战略。这一战略的提出和随后陆续推出的一系列重大人才工程，表明我国进入了以人才引领经济社会发展的新阶段。高技能人才作为人才的重要组成部分，被正式列入国家的人才整体工作规划之中，给予系统推动。2010 年中共中央国务院印发了《国家中长期人才发展规划纲要（2010—2020）》，在此文件中提出：以高层次人才、高技能人才为重点，统筹推进各类人才队伍建设，并将高技能人才列为国家六大人才队伍、十二大人才工程之一。

为落实国家中长期人才规划纲要精神，中组部、人力资源和社会保障部于 2011 年印发了《高技能人才队伍建设中长期规划（2010—2020）》。在这个规划中提出，“以建设技能大师工作室为重点，充分发挥高技能人才作用。”并提出到 2020 年底前，国家重点支持 1 000 个左右技能大师工作室建设，基本形成覆盖重点行业、特色行业的技能传承与推广网络。

综上所述，经济转型发展、产业优化升级对高技能人才的迫切需求是技能大师工作室产生和发展的内生动力，现有高技能人才培训模式存在的能力短板为技能大师工作室的产生提供了现实需求，实践的积累为其推出提供了坚实的实践基础，人才强国战略的实施为其发展起到了强力助推作用。

1.2　建立技能大师工作室的意义

马克思经典理论认为，劳动者、生产工具、生产资料是构成生产力的三要素。其中，劳动者是决定生产力高低的最活跃的最具决定性的因素。建立技能大师工作室直接为培养高技能人才和企业的技术革新服务，其意义可体现在多个方面。

第一，创新了高技能人才培养模式，丰富了培养途径。在技能大师工作室出现之前，高技能人才培养主要有企业培训、院校培养、校企合作培养和职工个人自学等方式。培养目标是达到师傅现有的水平即可。大师工作室出现后，使人才培养直接嵌入企业生产技术研发平台，徒弟不仅可以学到师傅现有的技术，还能接触到技术攻关最前沿的课题，培养过程的科技含量大为增加，人才培养的质量也有较大提升。因此，这是一个投入少、见效快的高技能人才培养新模式。

第二，为技能领军人才发挥作用提供了新平台。在工作室成立之前，技能领军人才主要在自己的岗位上完成生产任务，而跨部门参与企业产品试制和工艺研究的机会有限，其作用主要在“点”上。工作室建立后，技能领军人才发挥作用的空间显著增大，有机会参与到企业的技术攻关与革新中来，甚至跨企业发挥作用，其作用扩展到“面”上。这为其扩展视野、提升能力和职业发展开辟了新空间，对调动技工立足岗位成才是个现实激励。

第三，为提高技能人才的经济和社会地位找到了新载体。有无创新性及创新含量的高低，是衡量人才价值的主要指标。经济学上讲，价值决定价格，业绩决定收入。要提高技能人才的经济和社会地位，最好的办法就是为其展示才能、创造价值提供平台和机会。技能大师工作室的建立，意味着高技能人才的劳动形式不再主要是体力劳动，而是智力劳动与体力劳动的结合，其劳动中带有更大的创新性和艺术性。他们的劳动会为企业和社会创造比以往更大的价值。

此外，这个平台的建立不是一次性奖励，而是国家带有制度性的安排，对提升技能人才的地位将产生持久的引领和示范作用。

第四，为绝招绝活的传承找到了新途径。绝招绝活存在于高技能人才身上，如果没有政府的政策引导规范和企业及相关组织的具体推动，仅靠技能大师个人的力量，是难以发扬光大的。技能大师工作室的建立，使推广绝招绝活的方式发生了重大转变，由个人行为转变为组织行为，而且为推广工作提供了相对稳定的人财物条件，大师可以专心带徒，不用再考虑经济上的问题，传承效率可以成倍提高。

总之，建设技能大师工作室是一个于国于民、于经济、于文化、于和谐社会建设均有百利而无一害的重大举措，将对培养高技能人才起到直接的推动作用，进而对转变经济发展方式、产业结构优化升级、建设创新型国家、落实人才强国战略等方面起到现实的促进作用。

1.3 大师的含义

在中国文化语境中，大师这个名词既传统又现代，通常是人们对那些在某一行业技术造诣高超、有突出贡献、经验丰富、品德高尚者的尊称。如京剧大师梅兰芳、马连良，文学大师鲁迅、郭沫若、老舍，相声大师侯宝林、马三立，绘画大师徐悲鸿、齐白石，建造北京故宫的建筑大师蒯祥，木工的祖师爷鲁班，等等。

称为大师者通常必须满足四个基本条件：一是技艺高超。一般是指在技术上达到信手拈来、驾轻就熟、炉火纯青的地步。也可以这样理解，别人不会的他会，别人会的他做的精度更高，或者同等精度条件下，他用时更短等。二是行业经验丰富。初出茅庐者，即使技术动作娴熟，有一两项较大的贡献，但资历尚浅，经验欠丰富，没有经过大风浪，人们也不会称其为大师，至多称其为能手或者高手。三是在本专业范围内具有较强的创新创造能力和社会影响力，对行业发展有突出贡献或重大发明者。这是称为大师者的硬指标。四是品德高尚，对自己的知识技能不故步自封，不因循守旧，并且乐于用自己的专长助人、育人，与弟子分享自己的技艺。“德艺双馨”是对大师能力素养的简约概括。

1.4 技能大师与技能大师工作室

1.4.1 技能大师的定义

技能的意思是人们生产产品或提供服务的本领。关于技能大师，在 2013 年 5 月人力资源和社会保障部办公厅印发的《国家级技能大师工作室建设项目实施管理办法（试行）》中是这样讲的：“本办法所指技能大师是指某一行业（领域）技能拔尖、技艺精湛并具有较强创新创造能力和社会影响力的高技能人才。”

从上述定义中可以看出，成为技能大师必须同时具备下列条件：一是技能上，在某一行业（领域）是拔尖的，达到精湛的水平；二是有创新创造能力，可体现为能解决生产中的疑难杂症、重大工艺难题等；三是发挥的作用超出本单位，为行业做出了贡献，在本行业内有一定的知名度和影响力。

1.4.2 技能大师工作室

先来了解技能大师工作室的发展脉络。在我国，技能大师工作室出现的时间并不长。从官方材料看，2002年苏州市劳动和社会保障局首先提出技能大师工作室这个名称。他们起初是为挖掘、保护、传承苏州地区的传统工艺使其免于失传，而在传统手工业领域建立了一批传统技能大师工作室，通过工作室引导鼓励传统技能大师带徒弟。而后苏州市陆续将这一模式向现代制造业和现代服务业延伸，建立了若干现代技术类和现代服务类的技能名师工作室。在苏州进行探索的同时，还有一批企业也在探索，建立了本系统的技能型领军人才的工作室，如中国北车集团公司所属企业建立了“金蓝领工作室”，中国南车集团公司建立了“技能专家工作室”，上海市一批企业建立了“首席技师工作室”等。

2010年，人力资源社会保障部将技能大师工作室制度建设作为部级年度重大政策性课题立项，并委托中国职工教育和职业培训协会对其进行研究。中国职协成立了以毕结礼为专家组组长的课题组，历时一年向人社部提交了课题报告该课题报告在总结以往工作模式和经验的基础上，提出了建设技能大师工作室制度的建议。尹蔚民部长在课题报告上做了重要批示：“技能大师工作室是技能人才培养的新模式”。

2011 年，人力资源和社会保障部、财政部正式下发文件启动“国家高技能人才培养工程”，提出到 2020 年底，国家重点支持 1 000 个左右技能大师工作室建设，基本形成覆盖重点行业、特色行业的技能传承与推广网络。

为规范国家级技能大师工作的建设工作，2013 年 5 月，人力资源和社会保障部办公厅印发了《国家级技能大师工作室建设项目实施管理办法（试行）的通知》。截至 2012 年末，全国已经批准建立了 200 个国家级技能大师工作室。

我们还需要了解技能大师工作室的理论研究成果。在人社部课题《技能大师工作室制度建设研究》主报告中，对技能大师工作室性质做了如下表述：“技能大师工作室（某些地方称作金蓝领工作室、首席技师工作室）是经相关部门批准成立的，是某行业（或产业）技能领军人物开展技术攻关创新和高技能人才培养，并将两者相互融合的活动场所，是高技能人才培养的一种创新模式。”

从以上表述中可以读出如下意思：第一，技能大师工作室的设立和举办是一种组织行为。第二，它是技能领军人物开展高技能人才培养和技术攻关相融合的活动场所。第三，在工作室内参与活动的人员具有特定性。从技术攻关的角度，包括与活动相关的不同类型的高技能人才；从人才培养的角度，主要是师傅和徒弟两类人员。第四，活动内容和形式的确定性，即以高技能人才培养为主导，以项目（课题）技术攻关为载体融合进行。第五，条件的规定性。举办者要为工作室开展活动配备相适应的人、财、物以及规章制度等条件。

1.4.3 国家级技能大师工作室的相关规定

在《国家级技能大师工作室建设项目实施管理办法（试行）》总则中，对国家级技能大师工作室建设项目做出了如下规定："本办法所指技能大师工作室建设项目是依据申报条件要求，经各省（区、市）人力资源社会保障部门、财政部门评审推荐，人力资源社会保障部、财政部复审确定的技能大师工作室建设项目。"

分析上述规定，可得出如下结论：要成为国家级技能大师工作室，必须同时具备一种条件、经过两个程序产生才行：一种条件就是国家发布的关于国家级技能大师工作室的申报条件；两个程序分别是经各省（区、市）人力资源社会保障部门、财政部门评审推荐，人力资源社会保障部、财政部复审确定。

1.5 技能大师工作室的功能定位

功能是指一个组织具备什么职责，发挥什么作用。为技能大师工作室的功能定好位，对做好管理和发挥其作用至关重要。

1.5.1 部级课题对技能大师工作室功能定位的研究成果

人社部课题报告提出，技能大师工作室的核心功能是技术攻关创新和高技能人才培养。并特别提醒，技能大师工作室功能的发挥是以技能大师本人的技术特长为基础的，在设计工作室功能时，必须首先考虑与大师本人的技术特长相吻合。

此外，经过对比分析发现，对技能大师工作室的功能定位，不同的举办者其侧重点也略有不同。企业设立的技能大师工作室，一般将技术攻关创新放在首位，重在通过高技能领军者解决产品制造与维修的工艺难题、疑难杂症的过程，完成高技能人才的培养。企业既要眼前的技术攻关成果，保证企业的产品质量，又要长远的人才培养效益。

案例

中国北车集团金蓝领工作室主要承担以下5方面的任务。

1. 实施技术攻关。在企业产品开发、制造、营销、技术引进、改造、攻关，以及复杂设备的安装、调试等生产活动中，发现和解决与本职业相关的技术难题，组织开展技术创新活动。

2. 搭建转化“桥梁”。运用理论知识、实践经验和高超技能，从技能操作角度完善或优化产品的设计与工艺，总结、提炼先进操作方法，在企业产品研发与试制、工艺设计与制造之间，搭建理论向实际转化的桥梁。

3. 推广新技术。不断充实自身理论素养，主动了解和学习与本职业相关的新技术，在企业“四新”技术推广活动中发挥好领军人的作用。

4. 培养生产骨干。通过技术攻关、技术改进、名师带徒、技术讲座、技能展示等多种形式，将自己的职业态度、职业技能、团队意识等传授给其他员工，为企业培养合格的生产骨干。

5. 总结、提炼创新成果。通过总结提炼技术攻关、技术改进等工作成果，形成独特的技能操作诀窍、技能操作法和技术成果等，将自身的绝活和发明创造推广到实际生产过程当中，不断提升工作成果的实际价值。

由政府支持设立的技能大师工作室，则将人才培养放在首位，由此带动技术的研究、创新和传承。

1.5.2 技能大师工作室的功能

从理论研究成果和国家政策文件对技能大师功能的规定中，可以归纳出技能大师工作室的主要功能：

一是高技能人才培养，这是工作室的核心任务。大师工作室在人才培养方面不同于企业的培训中心，培训对象重点不是初级技工，而是高级工以上的技术骨干人才；培养方式不是规模化培养，而是高师带高徒的一对一的“精雕细刻”式个性化培养。大师工作室发挥人才培养作用也是多种形式，如师带徒，担任技能竞赛选手的教练，参与技能竞赛、技能鉴定题库开发，在技能竞赛中担任裁判等。

二是技术攻关与革新，保证企业生产技术含量和产品质量。攻关的课题一般来自企业新产品研制或成型产品的质量缺陷攻关；攻关成果的表现形式一般为试制出合格的样品或总结提炼出先进的工艺方法等。

三是技术总结和成果推广，将生产中的绝招绝活通过撰写论文和书籍、举办讲座等形式，记录下来、传播出去。目前存在这样一种现象，技术工人在工作中摸索创造了很多行之有效的技术窍门和绝活，但由于不善于总结或总结提炼不及时，随着时间的推移没有保存下来，更无法推广出去转化成经济效益。大师工作室可以通过总结归纳，将其条理化、书面化，有条件的还可以拍成影像，使其得以保存、流传和推广。

四是技术交流，通过组织讲座、培训班、担任技能教练等形式，分享技术经验，促进先进技术的传播。

总之，技能大师工作室是将上述四大功能融为一体，互相促进。技能大师工作室有别于企业的技术研发部门，也不是单纯的培训机构，也不是技师协会，而是多种职能的融合体。

小贴士

国家级技能大师工作室的主要功能：

在人社部《国家级技能大师工作室建设项目实施管理办法（试行）》总则第五条中，对国家级技能大师工作室的主要功能做了如下规定：

“技能大师工作室的主要功能是发挥高技能领军人才在带徒传技、技能攻关、技艺传承、技能推广等方面的重要作用，面向企业、行业职工及相关人员开展培训、研修、攻关、交流等活动，将技术技能革新成果和绝技绝活加以推广。”

1.6 技能大师工作室的类型

技能大师工作室可以根据不同标准进行分类。根据技能领军者的职业技术特点，可以将技能大师工作室分为现代技术类、传统工艺类和文化创意类等类型。根据批准单位的性质又可以分为政府设立的和行业企业设立的。在政府设立的工作室中，可细分为国家级、省（直辖市、自治区）级，省辖市级等三个级别的技能大师工作室。行业企业工作室可分为全国性行业（大型企业集团）级和独立设置的企业级等。

现代技术类技能大师工作室是相对于传统手工艺技术而言的，是主要围绕现代制造业、现代服务业而建立的技能大师工作室。这类工作室是技能大师工作室的主体，数量最多，行业分布广泛。

传统工艺类技能大师工作室主要分布在烹饪、传统工艺美术、古典园林建筑等行业。建立这类大师工作室的目的是探索传统工艺薪火相传的有效途径，避免传统工艺失传。

文化创意类技能大师工作室主要是围绕动漫产业、影视制作业等而建立的技能大师工作室。

1.7　技能大师工作室的建设途径

按照举办者的不同，大致可以分为企业办、校企合作办、大师独立办等几种。在建设途径方面，这里仅从举办者的角度进行论述。

企业办技能大师工作室设立在本企业，由企业或上级主管部门批准设立，主体是为本企业服务，兼顾行业和社会服务。企业在人财物、技术攻关任务、考核奖励等方面给予支持与指导。

校企合作办技能大师工作室主要是在政府的引导下，将大师工作室建立在技工院校或者政府办的公共实训基地。由学校、基地提供办公场地和必要的条件，学员即是学校的学生。大师承担教学和指导任务。

大师独立办技能大师工作室一般是大师本人能够独立开业经营的，例如木雕、玉石雕刻、钟表维修、字画装裱、花卉、盆景等。

案例

苏州市的校企合作办技能大师工作室

2009年由王金山、蒋雪英、陈忠林、钟锦德四位大师与苏州技师学院共同开发了苏州传统工艺技术（大师传承班）专业。上述四位技能大师被学院聘为该专业的指导大师、教学咨询官。他们亲自为学生授课。

胡国强技能大师工作室建在苏州技师学院内。大师亲自带研修生，多批次向院校、企业赠书，开设讲座进行培训，并多次受人力资源和社会保障部邀请为全国技职院校培训班授课，并把几十年积累的各类改进和创新的刀具全部捐赠予学校。

许多大师、名师被高等院校、技职院校聘为兼职教师、教学咨询官等；多个名师工作室承担了技工院校教师进企业研修的培训工作；数控、焊接、动漫、烹饪、古典园林建筑、电气等名师工作室利用自身培训优势培养高技能人才；多个工作室成为技职院校的实训基地。

第 2 章　技能大师工作室的设立

设立技能大师工作室是企业和政府培养高技能人才的一项重要工作，必须有明确的指导思想，严谨的操作程序，依法依规设立和管理。

2.1　设立技能大师工作室的指导思想和原则

根据人社部课题报告，设立技能大师工作室应该坚持“以有利于高技能领军人才有效发挥作用为基础，以技术攻关创新和高技能人才培养双赢为前提，充分发挥政府、行业、企业和院校的积极性，形成多方参与、共同推进技能大师工作室健康发展的工作格局。”的指导思想。

设立技能大师工作室应该遵循分类设立、育人与工作相融合、协调统筹等原则。

分类设立原则。按照政府部门和全国性行业、大型企业集团等途径分类设立。即：

设立国家级技能大师工作室；

设立省级技能大师工作室；

设立省辖市级技能大师工作室；

设立全国性行业和大型企业集团技能大师工作室。

育人与工作相融合原则。技能大师工作室要以技能人才培养目标为主导，在培养过程中，尊重技能人才成长规律，将大师的技能特长、工作项目相融合，突出技能人才培养的有效性。

协调统筹原则。大师的技能技艺独特而且很难复制，是企业和国家的宝贵财富。在传承技艺培养人才方面，应打破技能大师工作室所在单位的局限性，由国家、省或行业主管部门统筹协调，在政府主管部门的支持下，赋予其承担为社会培养亟须高技能人才的职责。

2.2 技能大师工作室设立的条件

2.2.1 技能大师工作室设立的一般条件

设立技能大师工作室必须从需要与可能去思考。一般应该首先考虑以下三个方面因素：一是区域或企业的技术发展是否需要设立技能大师工作室。二是区域或企业的文化理念和职业培训制度建设是否支持设立。三是区域或企业有无适合领衔的技能大师。

在上述条件具备的情况下，还要延伸考虑以下条件：即能否为技能大师开展带徒授艺、技术攻关提供相对固定的工作场所和设备，以及为工作室的日常运行提供配套资金等。

2.2.2 国家级技能大师工作室申报单位应具备的条件

根据《国家级技能大师工作室建设项目实施管理办法（试行）》第六条，国家级技能大师工作室建设项目申报单位应符合以下条件：

一是技能大师的条件。技能大师应当是某一行业（领域）技能拔尖、技艺精湛并具有较强创新创造能力和社会影响力的高技能人才，在带徒传技方面经验丰富，身体健康，能够承担工作室日常工作。同时，应具备以下条件之一：

1. 获得中华技能大奖称号。

2. 获得全国技术能手称号或具有技师以上技能水平，积极开展技术技能革新，取得有一定影响的发明创造，并产生较大的经济效益。

3. 具有一定的绝技绝活，并在积极挖掘和传承传统工艺上做出较大贡献。

二是依托企业建立工作室，企业应当具备的条件：

1. 有符合条件的技能大师。

2. 技能人才比较密集。

3. 高度重视技能人才队伍建设工作，建立了较为完善的技能人才培养、评价、选拔、使用和激励政策制度。

4. 企业职工教育经费用于高技能人才培养、交流等方面的费用不低于50%，能够为技能大师工作室提供相应的资金支持以及包括场所、设备在内的必要工作条件。

案例

中国南车集团公司从2008年至2011年6月底，已经在部分企业建立了12个技师工作室，选择38项企业关键技术难题进行攻关，解决了32项技术难题。创造经济效益1 000多万元。目前该公司正全力推广技能大师工作室，发挥高端技能人才在技术创新、技术交流、传授技艺、技能攻关和绝招绝活传承等方面的作用，搭建高端技能人才发挥作用的平台。

三是依托公共职业技能实训基地建立技能大师工作室，公共职业技能实训基地建立工作室应当具备的条件：

有符合条件的技能大师；高度重视技能人才队伍建设，制定了一系列加快高技能人才队伍建设的政策措施；能够为技能大师工作室提供相应的资金支持以及包括场所、设备在内的必要的工作条件。

2.3　技能大师工作室设立的程序

程序是保证工作规范性、完整性，减少人为因素干扰的必要措施。设立技能大师工作室是高技能人才培养的重要工作，必须建立科学完善的工作程序。

2.3.1　技能大师工作室设立的基本程序

根据人社部课题报告，设立技能大师工作室的基本程序应该包括申报、审核、批准、挂牌、备案等环节，如图 2—1 所示。

图 2—1　设立技能大师工作室的基本程序

2.3.2　技能大师工作室分类设立的基本程序

1. 国家级技能大师工作室的设立程序

在《国家级技能大师工作室建设项目实施管理办法（试行）》第七条中规定，国家级技能大师工作室建设项目评审按照以下程序进行：

第一步：人力资源社会保障部和财政部下发工作通知，明确申报条件、名额及有关要求。

第二步：地方评审推荐。各省（区、市）人力资源社会保障部门和财政部门按照公平、公正、公开原则，严格审核把关，按照名额、条件要求评审确定项目候选单位，并向人力资源社会保障部和财政部报送有关材料，包括：

（1）省（区、市）人力资源社会保障部门和财政部门关于技能大师工作室项目评审结果报告。

（2）项目候选单位提交的相关材料：

1）技能大师工作室申报表。

2）申报报告。申报技能大师工作室职业（工种）、技能大师工作室成立的必要性和现有优势、技能大师简介、技能大师工作室计划目标等。

3）技能大师工作室所依托的企业或公共职业技能实训基地有关情况说明。包括加快高技能人才队伍建设的政策措施，企业职工教育经费用于高技能人才培养、交流等方面的费用不低于50%的证明材料，能够为技能大师工作室提供资金支持以及场所、设备等工作条件的情况说明。

4）企业法人营业执照或主管部门批准成立的文件以及组织机构代码证的复印件。

5）技能大师候选人的身份证、中华技能大奖或全国技术能手获奖证书及技师以上职业资格证书复印件。

第三步：部门组织复审。人力资源社会保障部、财政部对技能大师工作室建设项目候选单位进行复审，确定技能大师工作室项目单位。

2. 省级技能大师工作室设立的基本程序

根据人社部课题研究成果，建议省级设立技能大师工作室按照如下程序进行："由符合申请条件的个人向所在单位提出申请，经所在单位审核后，报省（自治区、直辖市）人力资源社会保障厅（局）。或由大师所在单位按照条件直接向人力资源社会保障厅（局）推荐。经省级人社部门批准后的大师工作室须在 1 个月内，报人力资源社会保障部备案。"

3. 省（自治区）辖市级技能大师工作室的设立程序

人社部课题报告建议按照如下程序进行："由符合申请条件的个人提出申请，或所在单位提名推荐，报市人力资源社会保障局审定，经过市级人社局批准后报省（自治区）人力资源社会保障厅备案。"

4. 全国性行业和大型企业集团技能大师工作室的设立程序

人社部课题报告建议按照如下程序进行："由符合申请条件的个人提出申请，或单位直接提名推荐，报全国性行业或者大型企业集团审定，经过批准后的技能大师工作室须在1个月内报人力资源社会保障部备案。”

2.4 技能大师工作室领衔者的职责

技能大师工作室的领衔者即是首席技能大师，其职责主要是人才培养和技术攻关。工作室的管理职责多数由企业管理部门选派的行政助理负责（在4.3章节中有具体描述），也有部分是由大师本人管理的。

人才培养方面。技能大师主要是抓好选徒、带教这两个环节。选徒主要看徒弟是否是可造之才。重点考察其在日常工作中是否爱岗敬业、肯钻研、有韧劲等方面。带教方面，要注意既要教做事的本领，也要教做人的要领，不能顾此失彼。此外，注意选好培训的具体内容和项目载体，在规定的时间完成。

技术攻关方面。工作室领衔者在工作室开展技术攻关方面负有主要责任，对项目的成败起关键作用。在选择项目、进行决策、项目实施中处于主导地位，为其他成员做出示范、进行指导。

2.5　建设与发展中应注意的问题

任何事物的发展都不是一帆风顺的，都会遇到这样或那样的问题，技能大师工作室的建设发展也不例外。有些是已经发生的问题，有些问题处于萌芽状态，也必须引起高度重视。

2.5.1　重建设轻管理

这是举办单位最易发生的问题。建非为难，持之为难。这句话告诉我们，机构建起来容易，但让其持续健康发展、取得预期效果就不那么容易了。这个道理同样适用于技能大师工作室。要破解这个问题，可从以下几个方面入手。

一是针对领衔者技术过硬但管理不擅长的短板，上级部门可以选派兼职的助理，协助其管理和协调工作，让技能大师专心从事其擅长的技术攻关和带徒传技工作。

二是针对高技能人才操作技能过硬但专业技术理论知识不系统的问题，一方面可组织工程技术人员上门咨询或者协助攻关；另一方面还可为其举办有针对性的知识讲座、培训等。

三是针对高技能人才写作能力较弱的问题，可以选派年轻的大学生作为助手帮助其整理、归纳工作经验和心得，或整理成论文发表。

四是针对高技能人才能干活但不擅长讲解和总结的问题，

条件允许时可以将他们的先进操作方法拍摄成影像资料保存下来用于培训，等等。

总之技能大师工作室是个崭新的事物、需要管理者从多个角度给予关注和培育，才能使其健康发展，收到理想的结果。

2.5.2 功能不到位

功能不到位是指建立起来的技能大师工作室，运行一段时间后发现，其预想的功能只部分地得到了发挥，没有达到设立之初的预想状态。表现形式主要有：要么只重视技术攻关而忽略了人才培养；要么只重视了人才培养而忽略了技术攻关，等等。对于这种现象，分析起来大致原因如下：一是举办单位对大师工作室的功能把握不够全面，或者认识上有偏差；二是大师本人有偏好、能力不足造成的。无论是哪种原因，都没有实现建立技能大师工作室的预想目标，都必须设法改进。改进的方法可做如下选择：一是调整工作室成员的构成，针对能力弱的方面，配备相对能力强的人员；二是调整工作室的职能，让工作室只做其擅长的部分，无法承担的部分职能交由其他部门承担；三是重组工作室，另选工作室领衔者。

2.5.3 评估机制缺失

在管理学中对评估的作用是高度重视的，如：没有考核评估就没有工作质量；如果评估只是一次性的，那么它的破坏性作用远大于它的建设性作用；职工只干领导考核的事。这说明考核评估对保证工作质量是非常重要的。在技能大师工作室的建设发展中，也要避免评估机制缺失现象的发生。避免评估机制缺失的方法有以下几种：一是在建立之初就要建立考核评估的制度，并严格按制度管理；二是依照科学可操作的评估标准组织公平公正的评估；三是评估之后反馈指导要及时；四是有配套的奖惩措施跟进。总之，若无制度化的评估指导和激励，就没有有效的管理活动，也不会有技能大师工作室的健康有序发展。

案例

许振超技能大师工作室属于国家级技能大师工作室，是国家人力资源和社会保障部揭牌的全国第一家“技能大师工作室”。许振超技能大师工作室位于青岛港前湾集装箱码头职工候工区，工作面积180平方米，投资200多万元建成。工作室分展示区、工作研讨区、实训区三个区域。展示区主要展示集装箱轮胎吊“油改电”模型、无动力装车模型、装车机模型、减速器模型等教学模具，方便开展教学；工作研讨区主要提供各类专业图书资料和工业培训教材等，方便职工进行相关资料查阅；实训区主要有门机模拟操作实训系统、钢丝绳探伤仪器等设施设备，可以直观地进行模拟操作培训。该工作室实现了生产技术攻关、新技术应用以及新项目、新产品的开发与技能人才培养的有机结合。

第 3 章　政府对技能大师工作室的管理与规范

通过建立健全政策制度，规范、引导、促进技能大师工作室健康可持续发展，是政府义不容辞的责任，从以往的经验看，需要建立健全的政策和制度包括：启动促进制度、运行评估制度、奖惩制度和信息交流制度等。

3.1　启动促进制度

万事开头难，特别是涉及技能人才培养、绝技传承这样市场机制作用不甚明显的领域，政府更应主动介入，积极而为。技能大师工作室的启动促进制度主要包括成立管理组织机构、明确管理职能和资金扶持等方面。

3.1.1　管理机构与管理职能

为统筹管理技能大师工作室建设工作，政府部门有必要设立管理机构。这类机构的职能是负责区域范围内技能大师工作室的设立审批、日常指导服务和成果推广等工作。如：审核申报设立材料，统一挂牌和刻制印章，统一大师工作室成员工作证，吸纳新成员登记核准，档案管理，信息交流与开展活动，审核成果奖励申报材料，评估准备与反馈，审核工作室退出材料等，如图 3—1 所示。

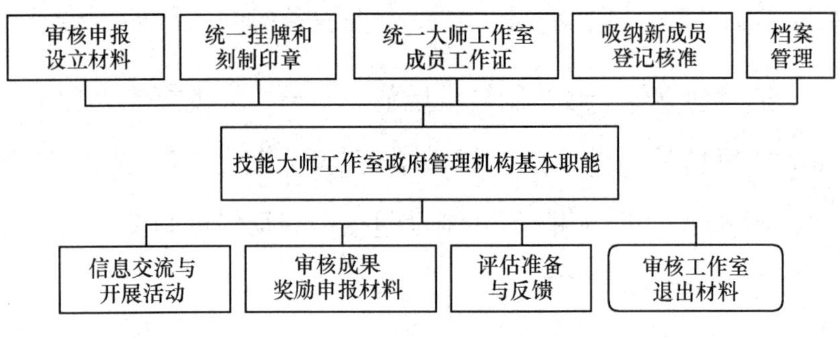

图 3—1　技能大师工作室政府管理机构基本职能

小贴士

为精简人员机构，目前一般的做法是技能大师工作室管理办公室挂靠在市级人社局的职业能力建设处、教研室或技师协会。

3.1.2　引导性启动资金

技能大师工作室启动建立时需要投入的资金较大，政府一般会通过拨付少量的引导性资金，以此鼓励企业、院校和个人多方投入。目前，国家、相关省和市均已逐步落实，并进一步加大支持力度。重庆市规定，对国家级技能大师工作室，在国家补助10万元的基础上，市级财政配套补助15万元，所在单位按不少于15万元配套。上海市对市级技能大师工作室，市级补助10万元，所在单位按不少于10万元配套，资助资金主要用于技能大师工作室设备设施以及技能培训、技术攻关等。一批企业在资金方面也有明确的支持政策。如上海电气集团及其所属上海锅炉厂有限公司就对技能大师工作室的领衔者实施了月津贴制度，规定集团级技能大师工作室领衔者月津贴为3 500元，企业级的月津贴为500元。

财政资金数额虽然不大，但其示范引领作用明显。企业从政府的行为看到了社会发展的方向。因此，政府设立引导性资金是发挥政府主导作用的具体表现之一。

3.2　运行评估制度

3.2.1　评估的意义和作用

作为公共管理与服务的重要内容，政府对某项工作的评估，承载着加强管理、提高服务质量的重任。政府对技能大师工作室的评估，必然有力地督导技能大师工作室的活动与投入不得偏离人才培养与技术创新相融合这个目标。同时，也是帮助大师工作室发现问题、认识问题、寻找解决问题方式的有效途径。通过制度化的评估，促进技能大师工作室自身的能力提升和规范发展。

对技能大师工作室评估的积极作用大致可归纳为以下几个方面：

1. 诊断作用

政府部门在对工作室进行评估的过程中，会督促工作室总结经验，发现运行中存在的漏洞、偏差以及造成问题的原因，客观上起到了问题诊断的作用。

2. 指导作用

发现问题是评估的一项职能，指导改进是更重要的职能。工作室虽然已经具备了一定的运行能力，但因为外界环境和工作室运行的诸多要素都在不断变化，需要通过阶段性的评估工作，给工作室提供正确指导，使其客观分析自身状况，适时调整状态，始终保持正确的工作思路，选择最佳路径和模式，从社会和企业的要求出发，不断发扬创新精神、提升实践能力。

3. 交流作用

“他山之石，可以攻玉”。评估过程中，特别是工作室之间的互相评估，本身就起到了交流经验、借鉴先进做法的作用。同时，评估组专家的反馈与指导意见也是另一层面的交流和沟通。通过多方面、多层次的交流与沟通，必然促进工作室的健康发展。

3.2.2 评估的指导原则

评估是为了促进技能大师工作室科学、规范发展，在设计评估指标时应遵循以下原则：

1. 体现内涵原则

即指标体系的要素要全，应该较全面地涵盖技能大师工作室的工作内容、工作方式、运行状态、工作成效等方面。指标的内涵外延都要表述清楚明了，不使人产生歧义。

2. 导向性原则

每一个评估指标都有确切的指向，都应是从某一个方面评估技能大师工作室运行的状态和成效，如团队构成的合理性，创新的具体成果，人才培养的成效，工作室的运行效率等。这些指标组合在一起，通过评估来引导技能大师工作室科学发展。

3. 可操作性原则

评估指标是用来测量的尺度，必须具有较强的可操作性，即指标信息的可采集性、可测算性和最后结果的可靠性。

4. 重点性原则

评估不可能面面俱到，只能择要而行。一是要选择对反映技能大师工作室状态最为直接、关键且有代表性的数据作为评估指标，达到指标体系总体优化和简化。二是程序上要简化，以达到既保证质量又降低评估成本、提高效率之目的。

5. 分类评估原则

从举办者的角度可将大师工作室的类型大致分为三类：企业类、院校类和个人类。从技术特点的角度，又可分为传统手工艺类、现代技术类、现代服务类。类型不同，评估指标体系也应该有所不同。只有按照分类评估的方法才能得出更准确的评估结论。

3.2.3 选定评估内容

对技能大师工作室的评估可考虑状态评估和具体工作内容评估。

1. 状态评估可考虑从 3 个方面进行定性分析（见图 3—2）：①在工作室整体化的设计能力方面，重点考查其创造性、环保性和社会接受度；②在工作室过程性能力方面，重点考查经济性、价值实现情况和与生产的结合度；③在功能性能力方面，重点考查其实效性和直观性。

2. 具体工作内容评估

可从 4 个方面进行：一是培养高技能人才的数量与层次；二是技术攻关与创新的成果数量、质量及成果的应用情况；三是人

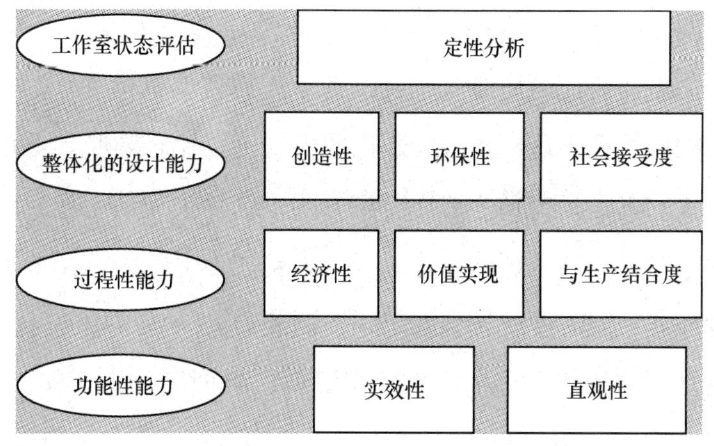

图 3—2 对技能大师工作室工作状态评估

才培养与技术攻关创新的融合度；四是内部管理和场所建设。

3.2.4 选定评估形式与方法

评估形式的选择贵在适用。对政府部门批准的技能大师工作室的评估，通常有两种评估形式可供选择。

1. 政府部门直接组织专家评估

即政府部门组织由职业培训工作内行、行业技术内行、技能专家等人员组成的评估组，对技能大师工作室进行评估。成员一般从专家库中选调，由 5～7 人组成，设组长 1 名，副组长 1 名，秘书 1 名。评估组组长全面负责评估组工作，其余成员合理分工。

2. 政府部门委托第三方评估

即政府部门不直接组织评估，而是通过购买服务的形式，将评估工作委托给协会、学会或者专业的咨询机构进行。这种方式的好处在于适应了政府部门职能转变，比较超脱。采用这种方式的重点是要精心选择有实力的组织承担评估工作，以保证评估质量。要求评估单位既要有丰富的专业知识，又要遵循职业操守，同时要有较强的组织协调能力。

常用的评估方法主要有核查资料、听取工作室工作汇报、现场考察、访谈、收集案例、座谈、问卷调查等，如图 3—3 所示。

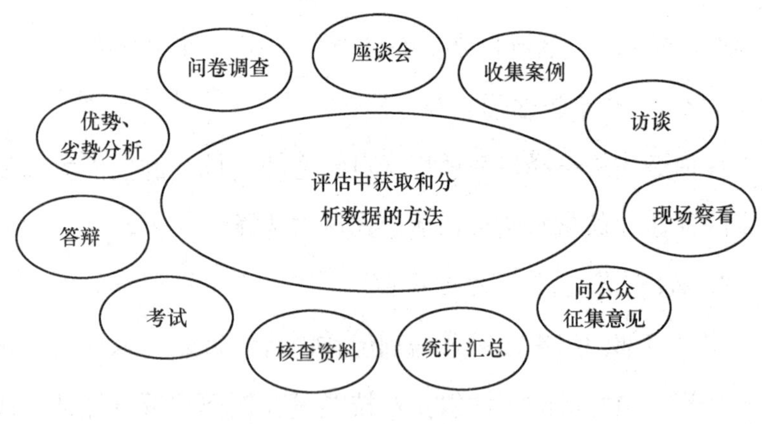

图 3—3 常用的评估方法

3.2.5 制定评估标准

制定技能大师工作室的评估标准通常有以下步骤：成立专门小组→草拟评估标准→论证→修改→试行→实证研究→再修

改→再论证→推广，直至比较完善。

评估标准应始终体现当前技能大师工作室的主流价值观，建立能够真实反映技能大师工作室质量的指标体系，包括各结构性指标与过程性指标，并科学考虑各指标的权重。有关工作室的条件和设施的指标所占分量应恰当，以免造成技能大师工作室之间在环境创设上的无意义攀比。同时，还应考虑哪些指标是在短暂的评价期间难以评价的，并将技能大师工作室在发展过程中可观察的行为表现列入评价指标，以提高评估的信度和效度（表3—1可供参考）。今后，随着技能大师工作室各项工作的逐步深入，条件成熟时，可建立对技能大师工作室的评估模型。

表3—1　　技能大师工作室评估要素参考

评估指标及得分占比	评估标准	评估方式	评分说明
人才培养（25%）	1. 带徒人数 2. 专项培训人数 3. 高技能人才培养人数 4. 人才培养质量	1. 查阅师徒协议等资料 2. 召开座谈会 3. 通过问卷调查 4. 听取案例介绍 5. 必要时可以请徒弟代表现场进行技能展示	该项各地可根据不同工作室的情况设置人才培养人数的下限。表现突出的可考虑加分。达不到下限的酌情扣分

续表

评估指标及得分占比	评估标准	评估方式	评分说明
项目成果（20%）	1. 技术技能创新产品或教具成果 2. 技术会诊、先进操作法、攻关项目成果 3. 解决企业生产中的多发病、常见病和疑难杂症 4. 课题、教材、著作成果	1. 实地考察项目成果 2. 核查资料 3. 听取案例介绍 4. 实物展示 5. 多媒体展示	该项各地主要根据工作室的情况确定。成果的评价可考虑的因素有：获得国家专利情况，提高工效、降低成本情况，取得经济效益和社会影响等情况。表现突出的可考虑加分。没有成果不给分，成果不理想的扣分
人才培养与技术创新融合措施（30%）	1. 制订师徒合作项目计划 2. 项目实施中师对徒的帮教情况 3. 徒弟通过大师指导，在项目实施中的成长情况	1. 核查资料 2. 听取大师工作室领衔者汇报 3. 听取徒弟代表发言 4. 进行案例剖析	该项是重要的指标项，考量技能大师在项目实施中的能力以及工作室发展方向的把握。表现突出的可考虑加分。没有措施不给分，措施不力的扣分

续表

评估指标及得分占比	评估标准	评估方式	评分说明
场所建设（10%）	1. 有稳定的场所 2. 有满足带徒传技需要的硬件设备设施	实地考察	该项各地可根据实际情况确定场所面积下限；以及设备设施的基本要求。达不到下限的酌情扣分
内部管理（15%）	1. 有规范的发展规划、年度计划和总结、管理制度 2. 有较完善的人、财、物保障机制 3. 有比较健全的大师工作室相关工作和技术档案资料 4. 遵守财务制度，无违纪	1. 核查资料 2. 召开座谈会 3. 工作室现场检查 4. 通过单位财务了解财务状况	该项各地可设置扣分标准

3.2.6　明确评估流程

政府部门对技能大师工作室的评估流程一般有9个步骤，如图3—4所示。其中：第1～4步是评估的准备阶段，第5～7步是评估的实施阶段，第8～10步是评估结果的形成阶段。

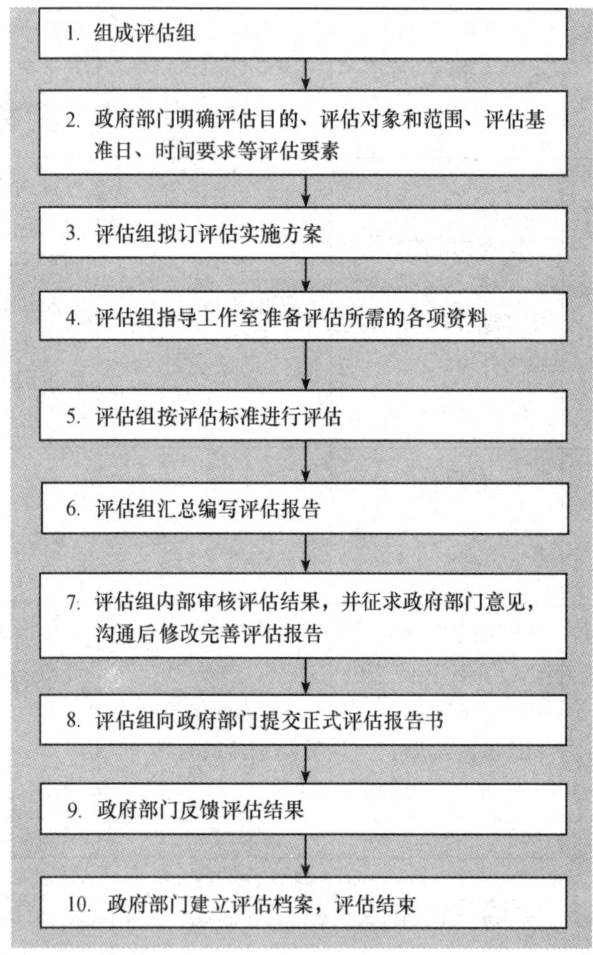

图 3—4　政府部门对技能大师工作室的评估流程

3.2.7　反馈评估结果

评估的最后一个流程是政府部门将评估结果向被评估的工

作室进行反馈。反馈的内容应包括：对工作室的整体评价，优势方面，存在的不足之处以及下一步改进的意见和建议等。反馈的目的是让工作室了解自身的优势和不足。应继续发扬优势，对不足之处，在听取政府部门的指导意见后应及时加以改进。

小贴士

反馈评估结果时，双方还可以探讨今后工作的目标，工作室也可以提出需要政府部门提供支持、指导和期望政府部门改进服务的事项等。

反馈形式有多种，如面谈、电话交流、发出书面通知等。其中面谈形式可以沟通得较为充分，应该优先使用。

3.3 奖惩制度

建立在有效评估基础之上的奖惩，是规范引导技能大师工作室健康发展的重要举措。奖惩制度主要包括：工作室的准入与退出、人才培养以奖代补机制和技术技能成果奖励等方面。

3.3.1 技能大师工作室的准入与退出机制

任何事物都有一个发生、发展和退出机制。技能大师工作室也不例外，也必须建立发生、发展和退出机制，以此促进其健康和可持续发展。

在第2章已经介绍了工作室设立的条件、程序，这里不再重复。工作室挂牌以后并非一劳永逸，上级主管部门应该组织专家在其运行一定期限后进行评估检查。根据一些地方的经验，评估工作一般2年开展一次。评估合格的继续保留，评估不合格的，应该提出改进意见，连续2次评估不合格的，应该采取摘牌处理等措施。

存在以下三种情况之一的工作室，应做退出处理：

1. 工作室因不可抗拒的原因，人财物发生重大变化，不能正常运行，可以主动申请退出。

2. 工作室不能正常发挥作用的，或社会声誉较差的，政府应责令其退出。

3. 连续2次评估不合格的工作室，应按规定退出并摘牌。

3.3.2 人才培养以奖代补机制

作为高技能人才培养的场所之一，技能大师工作室同样享受政府对高技能人才培养的以奖代补政策。即按照培养人数和奖励标准，按年由省、市人社部门分别给予奖励。如江苏省对每培养一个高级技师、技师，每人分别奖励3 000元和2 000元（按不同地区再乘以不同的系数拨付）。苏州市对技能大师带高徒专门出台政策，在规定范围内，每培养1名符合条件的高徒，给予技能大师3 000元、技能名师1 500元的奖励。

3.3.3 项目支持和成果奖励制度

通过支持和奖励，鼓励技能大师潜心技术创新、悉心传授技艺、专心攻关、热心带徒，让宝贵的高技能人才资源充分发挥作用，从而进一步继承和弘扬技能大师的优秀技艺和品质。近年来，部分地方政府已出台了对技能大师工作室的成果评审奖励制度。上海市一些企业对工作室承担的项目优先给予相应的项目资金支持；优先推荐技能大师参加国（境）内外培训、考察和学术交流活动；优先推荐工作室成员参加各类技能人才奖项评比；对技术攻关的信息资料和工具设备等方面给予重点支持等。

技能大师工作室因主观原因造成损失、不良影响和后果的，政府部门应视情况给予教育、通报批评，违纪违法的按相关规定处理。

从心理学的角度讲，奖惩制度是通过一系列正刺激和负刺激的作用，引导和规范相关单位和个人的行为朝着符合需求的方向发展。对希望出现的行为，用奖励进行强化，也就是正刺激；对不希望出现的行为，利用处罚措施进行约束，也就是负刺激。以奖为主，辅以惩罚，奖罚分明，二者相辅相成，才会有效促进目标的实现。

案例

苏州市政府在2005年颁发了《苏州市技能大师（名师）工作室成果奖评选奖励试行办法》【（苏府办）[2005] 162号】。该文件规定，从2005年起，该市每2年对技能大师工作室开展一次评选奖励工作。符合下列条件之一的给予奖励：

一是创新创优方面：工作室在人才培养过程中，进行技术革新和技术改造，取得较显著的社会效益和经济效益；利用所掌握的绝技绝活，用于实际生产与经营，取得明显的经济效益；开发研制或创作有价值的新产品、新作品等。

二是技术攻关方面：在科研、生产中攻克技术难关、对技术难题进行技术会诊，提出改进意见和措施，提高生产效率；在新材料、新设备、新工艺的引进和使用上取得突破。

三是授艺带徒方面：在培养高技能紧缺人才方面做出突出贡献；举办有一定规模的培训班传授技艺、培养人才，产生辐射效应，取得明显效果；培养的徒弟技艺高超。

四是挖掘抢救方面：积极挖掘传统工艺，大力进行传承、宣传等，或在抢救国家文物方面取得实效。

五是课题研究方面，对专业技能有深入研究，围绕技术技能有正式出版的著作或省级以上刊物发表的论文，并有较高的实用价值。

3.4 信息交流制度

为促进技能大师工作室之间的协调联动和密切配合，实现信息的顺畅交流和共享，提高信息使用效率，确保各项工作协调统一和高效运转，地方政府部门应当对技能大师工作室建立信息交流制度，包括：建立信息交流平台、明确信息交流原则、规范信息交流内容。

3.4.1 建立数字化信息交流平台

20世纪70年代，人类社会进入微电子技术革命，为信息的数字化表达和建构提供了手段，信息开始作为独立的信息平台出现，从而引发了一场信息革命。所谓信息平台就是信息的数字化、网络化存在方式。在结构上具有层次性、交互性、统一性和开放性的基本特点，其本质是人类表达从间断到连续的飞跃。数字化信息平台是人的耳目的延伸、外化和扩张，同时为大脑的延伸创造了必要条件。

政府部门建立技能大师工作室的数字化信息交流平台，除确定数字化信息平台的技术方案以外，当前要抓紧建立技能大师资源信息库，逐步实现各技能大师工作室在互联网上的交流与互动，增加大师的信息量，帮助他们开展工作。图 3—5 所示为技能大师信息交流平台示意图。

广义的信息交流平台还有多种形式，如召开会议、印发简报、开展活动等。

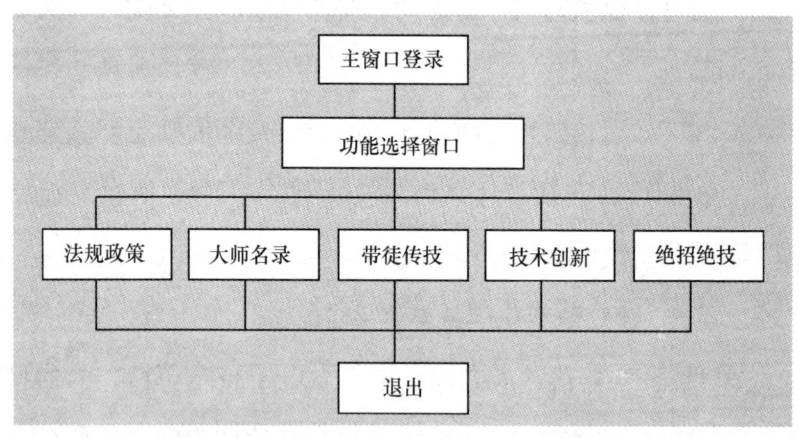

图 3—5　技能大师信息交流平台示意图

3.4.2　信息交流的内容

技能大师工作室信息交流平台交流的内容主要是：国家出

台的相关法规政策，同行切磋技艺，师徒教学互动，技术难题集体会诊，绝招绝技展示，技术技能创新难点分析等。

3.4.3 信息交流的原则

在海量信息时代，技能大师工作室的信息交流与发布也必须有自己的原则，用原则来指导和规范实践。

1. 合法合规原则

特别是要符合国家的保密法和企业的保密规定。同时也要注意不侵犯公民的个人隐私信息，如身份证信息、具体的家庭住址和家庭成员信息等。

2. 真实有用原则

每个工作室披露的信息必须是真实准确的，未经核实的信息不能发表。有用性是指信息对促进工作有借鉴意义。对促进工作无益的信息，或者可发可不发的信息，不应在工作室网站中扩散传播。

3. 及时性原则

信息有时效性问题，有些真实有用的信息如果发布不及时，也会失去其效力。因此，真实有用的信息要注意及时发布。

第 4 章　技能大师工作室的日常管理

作为将技术攻关与高技能人才培养融为一体的新型组织，技能大师工作室应建立健全日常管理制度，理顺工作流程，以良好的工作秩序提升工作效率和效益。

技能大师工作室的日常管理主要包括以下几个方面：工作规划与计划，目标管理，运行流程，运行秩序，管理制度，工作室环境的完善，自我总结与评价等。

4.1　工作规划与计划

管理有四大职能，就是规划和计划、组织、指挥、协调和控制。技能大师工作室的管理也要围绕这四大职能展开。工作规划和计划是管理的龙头。规划和计划的制订依据是企业的战略目标。战略目标、总体规划和计划的关系如图 4—1 所示。

4.1.1　总体规划

所谓规划，就是为实现组织的战略目标而制定的战略性行

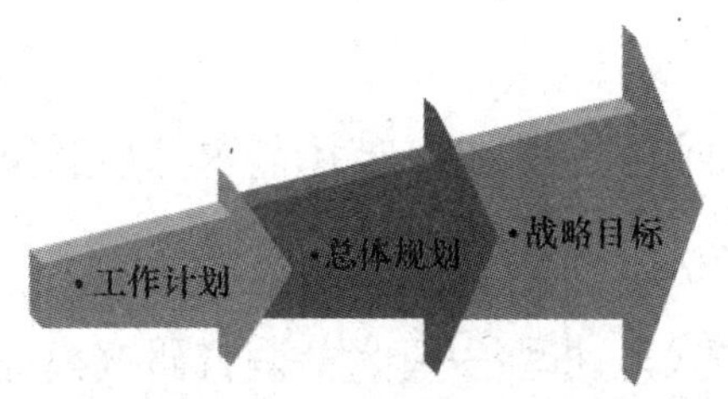

图4—1　战略目标、总体规划和计划的关系

动计划。规划的内容比较全面，时间上相对长远，一般有三年规划、五年规划、十年规划等。规划的职能主要包括今后一段时期内的预期发展目标，以及为实现预期目标应该采取的成套措施等。

技能大师工作室的总体规划是为今后三年的发展制定一个目标及为实现目标谋划配套措施。规划中提出的项目一般是比较大的，并不是技能大师工作室日常工作中的某一具体项目。技能大师工作室在研究战略规划时需要对工作室所处的内部和外部环境，包括宏观环境和行业发展态势进行分析，从中研究判断发展的趋势和成功关键要素所在，从而有意识地培育自身优势，打造个性化的能力。

总体规划的内容主要包括：技能大师工作室今后若干年的发展方向，这其中包括技术攻关创新的主要方向、团队建设目标、人才培养目标，以及为实现目标应该分年度配备的软硬件条件等。

编制总体规划的原则是：市场需求分析透彻，制定目标可行，密切结合企业实际，措施科学合理。

编制总体规划的步骤一般为：调查研究摸需求，根据需求定目标，分解目标定措施，论证之后形成文。

4.1.2 年度工作计划

计划是用来落实规划的，是规划的延伸与展开。制订年度工作计划最常见的做法，是根据总体规划中规定的年度任务以及工作的实际情况制定某一年度内的工作目标与安排。

无论是技术攻关还是人才培养，总是逐步进行的。先做哪一步，再做哪一步，每一步要达到什么要求，需要多少时间，这些都要在计划中得到落实，以便工作室成员从开始就能做到心中有数，能有条不紊地开展工作。

制订年度工作计划一般包括：指导思想、工作目标、工作内容和保障措施等。

制订年度工作计划应注意的问题：一是要发扬民主，在充分讨论达成共识的基础上定稿。讨论的过程就是发动和宣传的过程。这个过程越充分，将来实施起来就越顺利。二是保持计划的严肃性，如果没有大的条件变化，计划确定后就要严格组织实施，切不可把经集体讨论定下来的计划当儿戏。三是执行计划也要有一定的灵活性。要以计划为纲，但又不要被计划束缚死。当实际情况发生了变化，必须做适当调整时就应及时调整，并向团队成员说明调整的原因。

4.2　目标管理、运行流程与秩序

4.2.1　目标管理

目标管理是日常管理中一种常用的方法，其主要特点是以目标为导向，以人为中心，以成果为主要衡量标准，俗称目标管理责任制。技能大师工作室采用目标管理的意义在于：

一是日常管理有抓手，便于考核。有了总目标和各阶段的分目标，管理者日常主要依据目标进行督促检查，使管理有据可依，做到奖罚有度。

二是工作室成员便于自主安排工作内容和进度。任何一个成员都愿意在领受任务后，自己安排时间、采用自己擅长的方式在规定的时限内自主完成任务，而不愿意每天都被动地被领导安排，甚至今天不知道明天要做的事。目标管理能使工作室成员准确把握自己的责任，使工作有准备、有计划地进行。

PDCA 循环，也称戴明环，是由美国著名质量管理专家戴明博士首先提出的。这个循环主要包括四个阶段［计划（Plan）、实施（Do）、检查（Check）和处理（Action）（见图 4—2）］，及八个步骤。其最早应用于质量管理，实际上任何一件事情或者工作任务，都符合 PDCA 这样的循环，在循环中不断前进，所以其已广泛应用于目标管理。

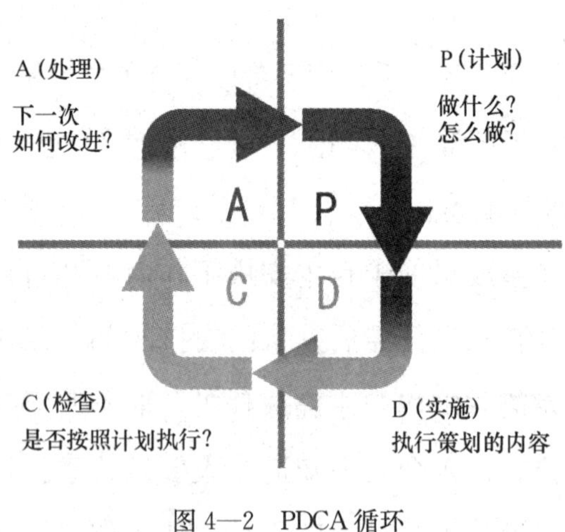

图 4—2　PDCA 循环

三是让工作室成员有自我实现的成就感。心理学有这样的原理："自己的孩子自己爱"。一个人如果自己制定的目标经过努力得以实现，就会产生自信心和成就感，这比物质奖励还能激发员工的工作热情。

四是有利于工作室成员做好职业生涯规划。工作室成员可按照工作室的目标管理要求，结合自身技术、工作经验等条件，进行自我职业生涯设计，实现职业生涯发展。

注意，目标管理不是只看结果不看过程。采用目标管理的工作室，必须在工作中做到年初订计划、过程有跟踪、年终有总结分析和评比。

4.2.2　日常工作流程与秩序

工作流程即工作的先后步骤。流程可分为若干个重要节点。每个节点的任务都保质保量地完成了，一般情况下，整个项目也会有一个高质量的成果。

所谓工作秩序，是指人们在工作中通过遵守组织的行为规则和规章制度而建立起来的一种有次序的、稳定的工作状态。

为保证技能大师工作室工作的顺利进行，使成员各司其职，减少多余环节，工作室应根据国家有关规定并结合实际制订相应的规章制度、道德规范和业务流程。

这里介绍一种六步工作法，内容见图4—3技能大师工作室业务工作流程。

第一步，明确工作目标。包括：①人才培养规模与层次；②技术创新与服务的项目名称与目标。

第二步，任务分解并项目化。包括：①师徒共同做好技术创新与服务的方案或项目书；②团队成员分工；③大师根据人才培养需要制定操作性方案。

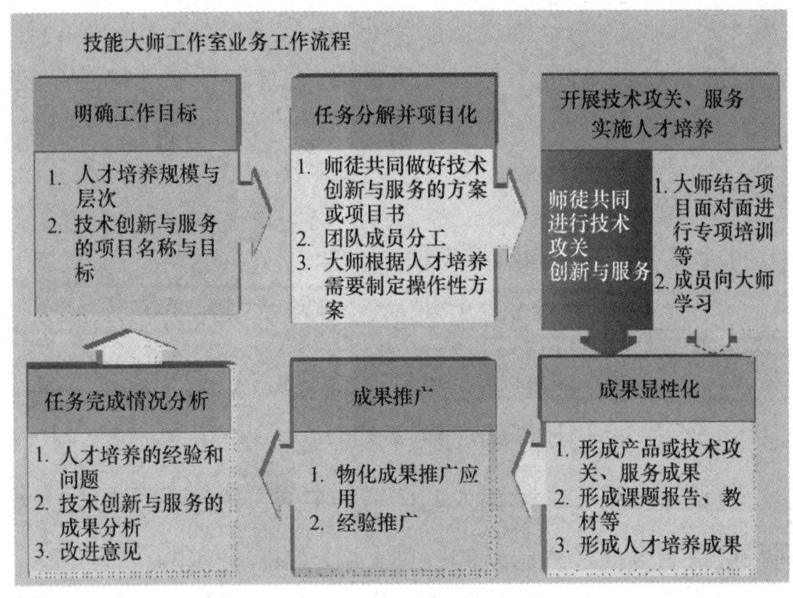

图 4—3　技能大师工作室业务工作流程

第三步，开展技术攻关、服务与实施人才培养。包括：①师徒共同进行技术攻关创新与服务；②大师结合项目面对面进行专项培训等；③成员向大师学习。

这第三步很关键，技术创新、服务与人才培养是同步进行的，技术项目的形成过程也是人才培养过程。师徒在完成项目的过程中，大师根据技术项目的需要和工作室成员的技术水平开展面对面的专项训练，使技术创新、服务与人才培养等工作融为一体。

第四步，成果显性化。包括：①形成产品或技术攻关、服务成果；②形成课题报告、教材等；③形成人才培养成果。

第五步，成果推广。包括：①物化成果推广应用；②经验推广。

第六步，任务完成情况分析。包括：①人才培养的经验和问题；②技术创新与服务的成果分析；③改进意见。

以上六个流程节点完成后，进入下一个轮回。

科学规划业务流程并按照流程进行管理，是保证技能大师工作室工作秩序、提升工作效率的基础和前提。工作室只要将流程中的各个节点把握好，就可以让工作室成员的效率迅速提高。按照流程管理是技能大师工作室管理简便易行的途径。

4.3　管理制度

建立和完善制度是实施管理的前提。技能大师工作室管理制度完善应该从以下四方面入手：岗位职责、绩效考核、财务管理和档案管理。

4.3.1 岗位职责

岗位是劳动者具体活动或工作位置的称谓，也称职位。岗位职责是组织规定的某一岗位从业人员应该完成的工作内容以及应当承担的相应责任。岗位职责又可细分为三个方面：一是在管理、训练、指导方面对其他员工所负的责任；二是在岗位操作过程中，对其他员工安全所负的责任；三是在岗位操作过程中对机器设备、生产资料所负的责任。

在技能大师工作室内部，成员一般有三类岗位：技能大师本人（工作室领衔者）、工作室成员（主要是徒弟）、行政助理。

1. 技能大师本人（工作室领衔者）的主要职责（详见第2章2.4）

2. 工作室成员的主要职责

（1）学习知识、提升技能。

（2）在大师的指导下，完成所负责的项目任务。

（3）团结协作。在完成项目过程中做好成员之间的互助协作工作。

3. 工作室行政助理（或协调员）的岗位职责

为协助技能大师管理好工作室，协调好各方面的关系，保障工作室工作围绕企业的中心任务进行，企业的人力资源部门一般为工作室配备专职或兼职的行政助理（协调员）。其主要职责一般有以下几个方面：

（1）协调。根据工作室的任务需要，协助工作室负责人与上级部门、兄弟部门沟通协调；协助负责工作室的人、财、物及档案的登记与管理。

（2）审核。负责对工作室成员的资质审核和工作计划审核。

（3）考核。协助做好对工作室及其成员的绩效考核。

4.3.2　绩效考核

绩效考核是指考评主体对照工作目标或绩效标准，采用科学的考评方法，评定组织或个人的任务完成情况、职责履行情况等，并且将评定结果反馈的行为。

技能大师工作室的绩效考核有其特殊性，尤其是企业办工作室，成员基本上是兼职的，并且都有自己的生产工作岗位，肩负双重责任。绩效考核工作目前仍处于探索阶段。

1. 绩效考核的内容

工作室绩效考核内容应该主要围绕技术攻关与革新、技术服务、人才培养等进行考评。

2. 绩效考核的方法

绩效考核之前，应明确考核的组织者是谁、考核方法和考核结果的运用等事项。企业办的技能大师工作室可参考图 4—4 所示的做法。

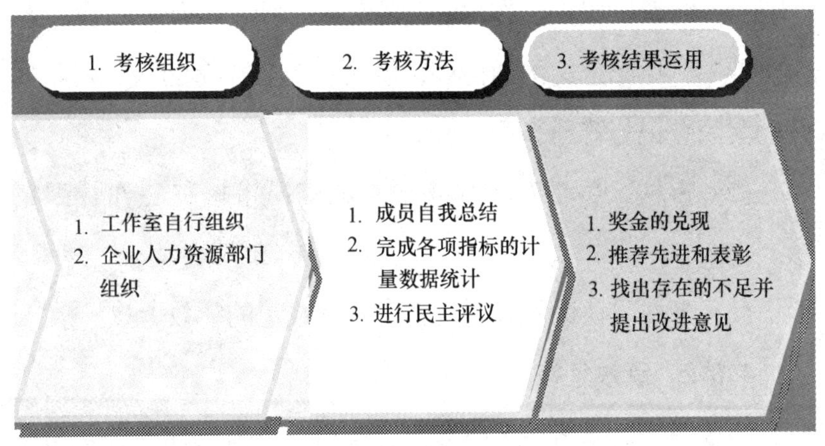

图 4—4 绩效考核

在实践中许多单位创造了对工作室绩效考核的好方法。这里归纳如下：

（1）目标协议考核法。此方法主要用于对工作室整体工作的考核。即在年初由工作室提出一年的工作目标，提交人力资源部门审核，经谈判后相关方面形成目标协议书进行考核。考核的一般程序为：年终考核时逐条对照目标协议书，由工作室进行述职，结合现场评估与评审，相关部门和专家通过“列表对标”的方法对工作室进行评价和打分，形成考核结果后兑现奖励，如图4—5所示。

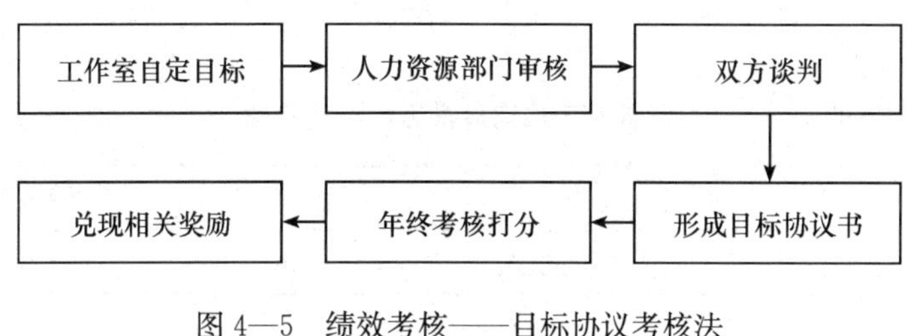

图4—5　绩效考核——目标协议考核法

（2）积分奖励考核法。此方法主要用于对工作室成员的考核。根据工作室特点，人力资源部门设置工作室成员考核标准，对工作室成员在年度技术攻关与革新、咨询服务、带徒授艺、总结提炼先进工作法和发表论文、获得荣誉等方面取得的成效进行评价，并取得相应积分。积分可用于年终兑现奖金，也是岗位升职的依据之一。

（3）基础与绩效相结合考核法。此方法主要用于对建立在院校的技能大师工作室的考核。考核中，根据成员的职称、工龄等分别给予不同的基础分，再根据成员对工作室贡献的大小分项打分，形成绩效考核结果。两项相加得出总分后兑现奖惩。

4.3.3　财务管理

政府批准的技能大师工作室在启动和取得成果后，无论什么类型，政府都有程度不同的资金支持。除财政性资金外，工作室的日常经费主要来自主办单位。工作室资金的来源大体有4种方式，见表4—1。

表4—1　　能大师工作室日常运行经费来源

企业办	校企合作办	社会个人办	院校办
企业投入	企业、院校共同投入	产品销售和服务收入	院校投入

为确保工作室开展工作有稳定的资金支持，部分企业建立了专项基金。如上海航天局及其所属单位、上海锅炉有限公司等都有专门的规定。工作室用于课题研究经费可以从企业研发经费中申请。用于绝技绝活提炼、先进操作法总结、培训教材编写、技能培训和带教传授等费用，可从各单位职工教育经费中列支。设施设备购置列入所属单位的年度预算。

有的院校结合专业建设也保证了工作室的日常运行经费。

由于多数技能大师工作室不是独立的法人单位，本身没有账号和财务人员，其财务运行主要是按照主管单位的财务管理要求单独核算，但这不等于工作室负责人可以忽略财务管理。做好财务工作有两方面的作用，一是保障工作室正常运转，二是为评估工作室的工作绩效提供有说服力的数据。

在工商部门注册的具有独立法人资格的技能大师工作室，应具备如图4—6所示的四个财务管理方面的主要职能。

一是建立台账。台账记述的主要内容是现金使用、设备购

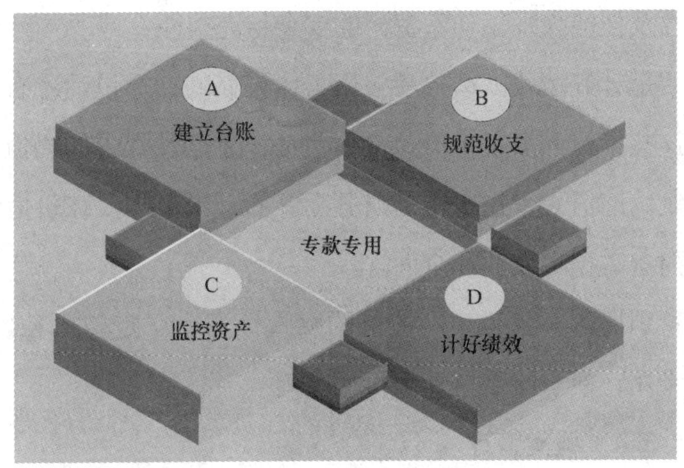

图 4—6　在工商部门注册的技能大师工作室财务管理四大职能

置与维护保养、研制生产的成果价值以及成果推广后产生的价值、人才培养费用等方面的情况。这些方面的账目一般所属单位都有规范的表格，工作室只要有专人负责及时登记统计即可。

二是规范收支。对任何技能大师工作室来说，资金的运用与管理都是非常重要的事，其职能包含资金的筹集、支出、调度与监管，简单地说就是把技能大师工作室的“钱”收好、管好，用在该用的地方。

三是监控资产。财务可通过定期与不定期进行资产的抽查与盘点，将技能大师工作室资产实物与财务记录数据是否相符进行对比，从资产监管的角度来参与管理，以保证财务记录的真实性及技能大师工作室资产的安全与完整性。

四是计好绩效。绩效考核用具体可靠的指标说话才有说服力。这些指标大多是价值计量，包括：生产过程中的增值、费用控制、产值等，这些都是财务会计的计量范围。在价值计量上，财务数据更专业和全面。

特别提醒，各级政府拨付的财政性资金一定要单独建账，专款专用，便于接受审计。

4.3.4 档案管理

档案是指技能大师工作室在各项活动中形成的对国家、社会、企业和本单位具有保存价值的各种原始文字、图表、声像等记录。做好档案管理工作一是为记录工作室的发展历程和工作成就，二是为发展决策提供支持性证据。

小贴士

根据国家档案局、国家经委、国家计委联合颁布的《企业档案管理办法》，文件材料归档的基本要求有：归档的文件材料必须完整；归档的文件材料必须准确地反映各项活动的真实内容和历史过程；归档的文件材料必须层次分明，符合其形成规律。

技能大师工作室材料的归档范围主要有以下几个方面：

1. 工作室的基本信息

如工作室的成立、工作成果、获奖资料等。

2. 工作室成员的基本信息

成员的姓名、性别、年龄、技术职务职称、取得的成果及获奖情况等。

3. 人才培养方面

师徒签订的培训合同（协议），工作室开展技术技能培训的文件、教材、课件等。

4. 技术攻关和服务方面

开展技术会诊、技术改造等的方案、项目计划书、合同等技术性文本资料。

5. 产品生产方面

有产品设计、工艺、工装的图样和技术文件，原材料检验、产品生产过程中形成的各种文件材料等。

6. 设备仪器方面

工作室设备仪器的图样和技术文件，设备仪器的运行、维修记录，设备改进、改装和报废的文件材料等。

7. 财务管理方面

财务管理中的各种账册、报表、凭证和文件等。

4.4 工作室环境的完善

工作室环境包括两个方面：自然环境和人文环境。自然环境包括办公场所的设施设备及其配套的软件。人文环境包括成员、规章制度、理念等。工作室的环境完善应从两个方面协调推进。这一节重点讨论自然环境的完善问题。

4.4.1 空间布局的类型

空间布局属于工作室自然环境范畴。从实践看，目前技能大师工作室的空间布局大体有四种类型。

类型一，以满足技术研讨功能为主的空间格局。这类格局的工作室，内部设有几个相对集中的区域：研讨活动区，档案资料区，成果展示区等；工作室做到“五个上墙”。即规章制度上墙、成员照片上墙、年度计划上墙、考核目标上墙、工作室荣誉上墙。据部分企业的实践证明，此类工作室的研讨区发挥了很大的作用，许多项目方案和技术改革建议都在这里讨论形成。

类型二，技术研讨与人才培养功能相结合的空间格局。此类工作室内部除设有研讨活动区，档案资料区等以外，还设有训练所需要的仿真模拟设备或本企业生产用设备的微型版，有的还有学员简易教室、教具；也要做到“五个上墙”。此类工作室除发挥了技术研讨活动的作用外，还可以根据需要和可能，直接开展操作训练。

类型三，人才培养与生产经营一体化的格局。此类工作室主要是传统技艺类的工作室，其生产经营场所同时也是带徒授艺的地方。

类型四，以人才培养为主的空间格局。此类工作室主要建在企业的培训中心或职业院校。工作室内有较完备的实训设备设施和一整套人才培养的规章制度。

镇江市恒顺食醋集团有限公司乔贵清技能大师工作室建在企业生产的大车间旁，具有浓厚的职业环境氛围。工作室内可以进行技术交流和理论培训活动，团队核心成员照片上墙、工作室规章制度和职责上墙。该工作室采用的是以满足技术研讨功能为主的空间布局。

4.4.2　工作室环境完善的基本理念

理念指导行动。只有理念正确才有正确的行为，进而产生良好的结果。技能大师工作室自然环境的完善也必须确立正确的理念，即体现以职业应用为导向、以满足学习需求为目的的理念，避免出现片面追求房间大、设备新这种过分贪大图洋的现象。

一是以职业应用为导向。首先，由于工作室成员都是兼职做研发和培训，因此工作的地理位置一般选在技能大师所在的车间或离车间较近的地方为好。这样便于大师兼顾生产与技术攻关。其次，工作室设施设备的选择要考虑技术攻关和技术服务的重点，要少而精。最后，设施设备要体现学做一体的特点，建成学用结合的平台环境。

二是以工作室成员的需求为导向。主办部门在工作室的建设中，要多征求工作室成员的意见，特别是技能大师的意见。既要注重眼前的需求，又要兼顾长远的需求。既要以工作需要为主，又要兼顾成员的文化生活、兴趣爱好，把工作室建成高技能人才的科研中心、育人基地、情感之家。

4.4.3 建在院校内的技能大师工作室设施设备应体现“五个突出”特点

建在企业内的技能大师工作室，很多设备设施既是企业生产用的，也是工作室可用的。因此，在很多情况下工作室并不需要单独添置。而建在院校内的技能大师工作室应在设备设施上进行比较完整的规划设计，体现以下“五个突出”特点（见图 4—7）。

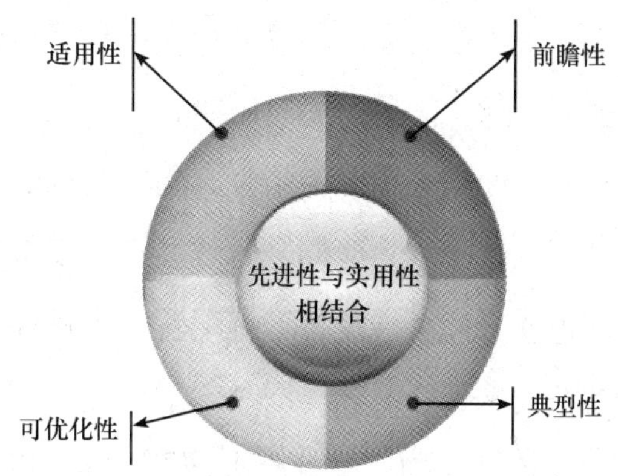

图 4—7 院校大师工作室设备设施实现“五个突出”特点

一是突出前瞻性。既然工作室是技能人才培养高地，必须有前瞻性的软、硬件资源配置和武装，体现当代生产力发展水平，并保持较强的生命力，充分表达和反映工作室的特性及其职业发展现代思想，体现前瞻性特点。

二是突出典型性。同类型软、硬件设备设施同时有多家企业生产的情况较为常见。院校工作室在选择设备时一般应选择最具典型性、性价比较高的设备为宜。这就需要广泛调研、充分论证做基础。

三是突出适用性。软、硬件设备设施的投入，要与工作室的实际需求相适应，与培养层次相适应。充分体现工作室“培养好每一个成员、为企业创新发展服务”的思想。

四是突出优化性。工作室的设备应尽可能做成可优化、可扩充的开放性平台。在内涵上能够不断优化和升级，功能上可扩充，数量上可增加，满足发展的需要。

五是突出先进性与实用性相结合。既然高技能人才要适应未来发展的需要，就必须为他们今后掌握未来设备的性能与技术打好基础，也就必须考虑设备设施配置的先进性，尽可能体现已经出现的新技术、新工艺。同时，工作室培养人才是强调学以致用的，要有足够的底气让企业感到“实用”。做到先进性与实用性相结合十分重要。先进与实用并不矛盾，当先进的设备被企业广泛接受或企业应用先进设备成为趋势时，其实用性已经显现。这就需要工作室进行广泛的市场调研，调查先进设备在市场的占有份额、生命力及其普及的可能。

4.5 自我总结与评价

4.5.1 工作室总结

工作室总结一般主要有年度总结和专题工作总结。总结一般需要注意下列事项：第一，要实事求是，不弄虚作假，这是总结的基本原则；第二，如果涉及财务一类和数字打交道的工作，在总结中一定要用数据说话，这样会让总结更有说服力；第三，工作总结要突出重点，不需面面俱到和长篇大论，要详略得当，选择一些具有代表性的表现即可；第四，总结报告要注意格式规范，语言简练。如图4—8所示为某工作室2012年年度总结目录。

2012年度工作室总结-目录

1. 主要例行工作
2. 人才培养
3. 技术创新与服务
4. 工作室自身建设
5. 工作室价值体现
6. 存在问题和困难
7. 改进建议

图4—8　某工作室2012年年度总结目录

4.5.2　工作室的自我评价

自我评价就是工作室对自己工作成效的一个基本认识、判断。包括对工作室的能力或效能的感受和对工作室价值的感受等。

自我评价的方法灵活多样，可定量分析与定性评价相结合；诊断性评价、形成性评价与总结性评价相结合。自我评价由于缺乏外界参照体系，不便横向比较，主观性强，容易出现评价偏高或偏低的趋势。

在自我评价中可以采用以下四种方法。

一是将工作完成情况与工作室的目标相对照。如图 4—9 所示为与目标进行对照后的评价图。

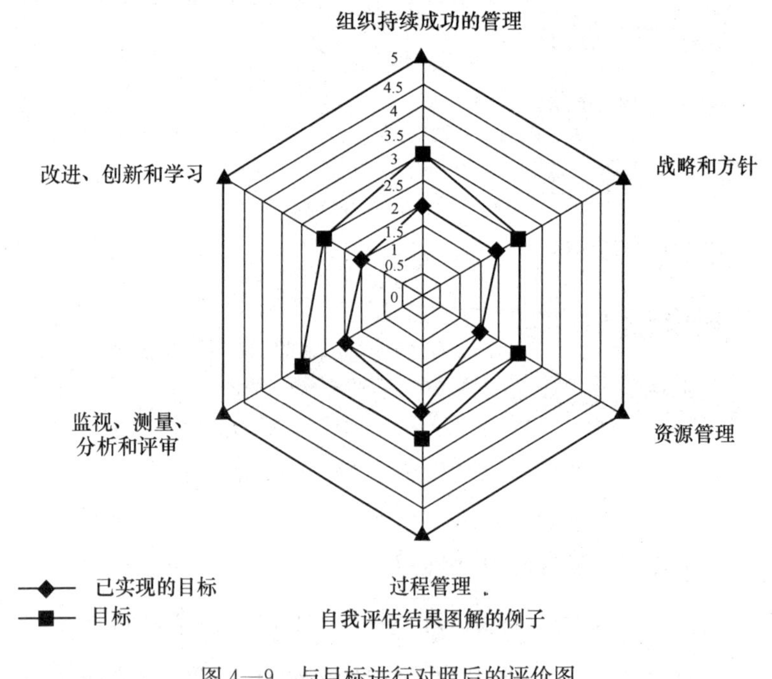

图 4—9　与目标进行对照后的评价图

二是与上级评估指标相比较。工作室可以适时将上级制定的评估指标与自身的情况进行比对，及时明确改进提升的内容与重点，找出改进需要攻克的难点并提出现实可行的措施。

三是与同类工作室相比较。同行就像一面镜子，经常对照一下，可以知道自己与同行之间的优劣。工作室的评估可以采用此法，同行对比，查找不足，督促改进。不过在选择对比对象时，要尽量选取同行业、相似工作类型的为宜，这样才有较强的可比性。

四是广泛调研，听取多方意见。通过听取相关部门和上级领导的意见，拓展评价视野。他人评价比自己的主观评价具有更强的客观性，如果自我评价与其他部门、上级领导等的评价相差过大，则表明自我评价上有偏差，需要调整。对待别人的评价，要有认知上的完整性，不应因自己的心理需要，只注意某一方面的评价，而应全面听取，综合分析，恰如其分地对自己做出评价和调整。

案例

某公司技能大师工作室的管理制度

一、会议制度

1. 月度工作会议。每月定期召开一次工作室专题研讨会，对工作目标进行分解，对工作进展情况、难题进行破解纠偏补差。

2. 季度总结和计划会议。每季度月初5号前召开一次总结和计划会议。总结上季度工作室各项工作开展情况、科研项目进展情况，分享成功的经验、探讨存在的问题；对工作室下一季度的工作进行规划，确定工作室成员的阶段性工作目标、科研课题和专题讲座内容。

二、工作制度

1. 工作室领办人与工作室每个成员签订《技能大师工作室成员协议书》。在完成工作室研究项目和工人专业化成长方面制定周期发展目标，确定双方职责、权利和评价办法。

2. 工作室领办人为工作室成员制订具体进步计划，安排培训过程。

3. 工作室成员必须参加工作室布置的带教培训工作，完成工作室的研究任务，并有相应的成果显现，努力实现培养计划确定的目标。

4. 工作室成员要积极开展课题研究工作。根据课题研究方案，在每个阶段制订具体的研究实施计划，及时做出阶段总结。课题必须做到有方案、有措施、有活动记录、有阶段小结、有结果分析、有实验报告和实验鉴定。每个成员必须以严谨的态度和科学的方法从事课题研究工作，多产出科研成果。

三、考核制度

1. 工作室领办人由人力资源部进行考核。

2. 工作室成员的考核由领办人和人力资源部进行考核。主要从思想品德、理论提高、管理能力、教育教学能力、研究能力、技能水平等方面考察是否达到培养目标。考核不合格者调整出技能大师工作室。同时按有关程序吸收符合条件、有发展潜力的新成员进入工作室。

四、档案管理制度

1. 建立工作室档案制度，并交由培训中心档案室保管。

2. 工作室成员的计划、总结、听课、评课记录、公开课、展示课、教案等材料要及时收集、归档、存档为个人的成长和工作室的发展提供依据。

五、经费使用

工作室经费按照《集团公司创建技能大师工作室实施意见》（集人培字［2012］28号）执行。

第 5 章　技术攻关、技术服务与项目立项

技术攻关、技术服务是指技能大师工作室为本单位或外单位提供解决技术问题的服务。如进行非常规性的设计、测量、分析、安装、调试，改进工艺流程，进行技术诊断和攻关，提供技术信息等。技术攻关与服务活动一般是以项目形式进行组织和管理。

技能大师工作室技术攻关与服务的活动比较频繁，任务也比较繁重。这些活动和任务都有着项目的特点，即有明确的目的和目标，要在约定的时间、预算、资源范围内依据规范完成。项目有时称为课题，课题是最常见的项目形式。

项目管理是在有限的资源条件下，运用系统的观点、方法和理论，对项目的全部工作进行有效管理。即对项目决策开始到项目结束的全过程进行计划、组织、指挥、协调、控制和评价，以实现项目的目标。

项目管理的常用方法主要有：阶段化管理、量化管理和优化管理。

项目实施通常分为三个阶段，即项目准备、项目实施、总结验收，如图5—1所示。

图5—1　项目实施过程的三个阶段

5.1　项目准备程序

项目准备阶段一般包括如下工作：项目遴选、设定项目目标、明确项目关键点、完成项目任务需要投入的资源条件分析、组建团队并明确任务及验收标准。

5.1.1　项目遴选

项目来源一般有四个方面（见图5—2）。

1. 政府部门、行业协会等发布的技术项目招标公告或者申请通知。技能大师工作室作为申请人对照投标或申请办法和自身条件，按照规定的程序提交项目申报书，通过评审后获准立项。

2. 举办技能大师工作室的企业或院校的需求。企业的技术攻关与服务、人才培养，院校的生产实习设备的安装与维修、人才培训中的技能训练课题等都是技能大师工作室项目的来

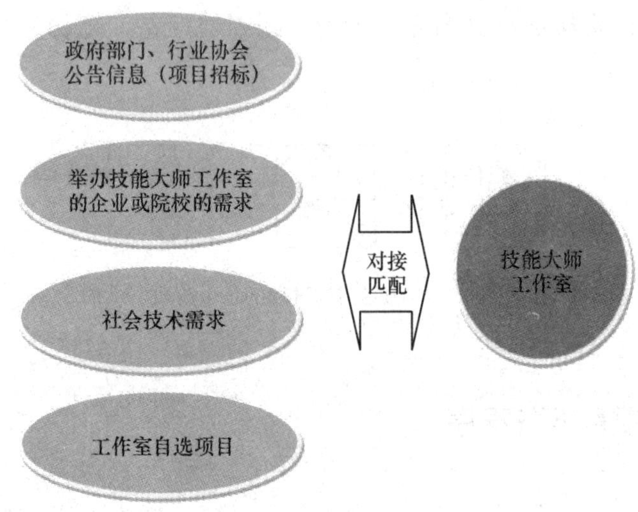

图 5—2 项目的四种来源

源。此类项目的具体事项，通常由企业、院校与技能大师工作室专题协商决定。

3. 社会的技术需求。如一些企业和社会团体需要的特殊产品（如特种工艺品）或者技术咨询、技术攻关等。此类项目须经供需双方协商一致，签订项目合同，按照技术市场的通则实施。

4. 自选项目。技能大师工作室通过对相关行业的技术、工艺水平和市场前景等方面进行深入的调查、分析、比较、研究后确定的项目，经可行性分析后可列入计划。例如，制造某些濒临失传的特种工艺品等。

项目遴选要在充分调研、审慎研究的基础上进行。立项时要重点把握以下两点：一是看项目是否是生产和技术攻关的重点；二是看技能大师工作室的能力水平能否胜任，要选择既有社会需求，又力所能及的项目。项目遴选也就是社会需求与技能大师工作室能力的对接，只有匹配才能成为适选项目。当有多个适选项目时，技能大师工作室要统筹兼顾各项任务，进行轻重缓急的排序，并合理配置项目资源。

调查研究是项目准备阶段的基础性环节。了解本行业的技术工艺发展现状、发展方向、急需解决的问题、热点问题；关注相关单位的技术研发情况。通过调查了解这些情况，可以丰富知识，发现问题，梳理思路，寻找研发项目的着眼点及其有效的实施途径。熟悉研究获得的信息，经过比较、筛选，避免走别人走过的弯路。力求使项目研发具有一定的先进性、创新性。

在实际工作中，选题确定之后，一般需要提交立项申请报告，经论证、评审，获得批准后方可正式立项。

5.1.2 设定项目目标

1. 项目命名

项目命名类似给文章定题目。题目中应包括“动作 + 成果”。如“研制数控管子切割机”，“研制”是动作，“数控管子切割机”就是项目的具体成果。项目命名的基本要求是，能涵盖项目的主要内容，又通俗易懂、简单明了，要让人一目了然。

2. 确定项目的目的与目标

项目的目的是说明为什么要开展这个项目及项目完成后对企业的意义。项目的目标是这个项目要达到的数量标准。目标又可分为总目标与分目标。总目标即项目的最终成果，分目标即为构成总目标的各分项指标，如时间、经费、物资、人员使用等方面的控制性指标等。

注意，项目目标一定要用具体的“数量+形态”的形式来表达，以便于考核。

3. 项目任务

项目任务就是为实现项目目标所要解决的那些具体问题及得到的具体成果。一个项目一般要分成若干项任务，交由不同小组或个人去完成。

5.1.3 明确项目关键点

项目的关键点可以理解为项目质量的“控制点”。为了使项目得以低风险、低成本、高效、优质地运行，设定项目的关键点是非常必要的。

项目成功的关键点是准时、优质地完成全部工作，在不超出预算的情况下实现项目目标。项目的管理者不仅仅是项目的执行者，他参与项目的需求确定、项目选择、计划直至收尾的全过程，并在时间、成本、质量、风险、合同、采购、人力资源等各个方面对项目进行全方位的管理。因此，设定项目关键点，有利于管控项目运行中可能出现的质量问题，保障项目顺利完成。

举例：某项目设定的项目管理的七大关键点（见图 5—3）。

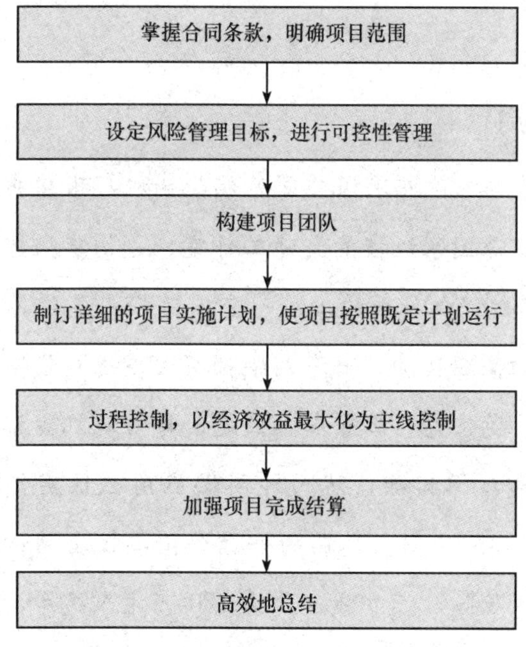

图 5—3　项目关键点设定举例

技能大师工作室实施的项目可根据实际情况参照上例灵活设定项目管理的关键点。

例如，技能大师工作室实施的项目应该设定“以经济效益最大化为主线”，还要根据项目的性质不同区别对待。在考虑经济利益、进行经济核算的同时，还要兼顾社会效益等。又如根据技能大师工作室人员不是太多的实际情况，考虑是否必须单独组建项目管理团队。实际上，项目的负责人常常也就是项目的管理者。

案例

一汽解放汽车有限公司无锡柴油机厂张建裕技能大师工作室是国家级技能大师工作室。领衔者张建裕在一汽锡柴有着 30 多年的工龄，全国劳模，是江苏省有突出贡献的高级技师。一汽锡柴拥有大量进口设备，主要来自德、英、意、日等国。但是，再好的机器都需要维护保养和故障排除，然而外国供应商往往实行技术封锁。2008 年 11 月，德国的一台海伦柔性自动线三轴镗模板发生故障，德方开口要价 150 万元人民币，而且必须资金到账后方肯订机票动身来厂修理。这样的话，厂子的柴油机主打机型的生产只能停产，而此刻正值年末冲刺的关键时刻。这时，张建裕领衔的技术团队，依照印有外文的机器示意图，在没有任何技术参数的情况下，硬是凭借技术绝活，对“洋机床”来了一次拆卸式“解剖”，解码了国外的参数，在材料比对和工艺分析过后，终于自行研制了足以替代进口的零部件。前后用了一个星期，生产线就恢复了正常运行。人们称张建裕的团队是进口设备的“急救医生”，其团队成员中还有4位30多岁的工程师和高级技师，他们累计为企业节约了上千万元的维修费用。

5.1.4　组成项目团队并明确任务

团队成员的素质能力及结构的合理性如何，是项目成功与否的关键所在。

1. 团队成员一般应具备的基本素质

(1) 品德方面：爱岗敬业，勤于钻研，科学严谨，精益求精。

(2) 技术资格方面：高级工以上技术等级，实践经验丰富，有一项以上的技术革新成果。

(3) 业务能力方面：具备一定的研发能力和成果推广能

力，有一定的写作能力和带教能力。

此外要求工作室成员还要有较强的学习能力和人际沟通能力。

2. 项目团队应该形成合理的梯队结构

合理的梯队结构是指项目团队内部既要有技能大师这样的行业领军人才，也要有以技师和高级技师组成的攻关和带教骨干，还要有少量的工程技术人员和青年技工。有的企业还配备了项目协调员负责行政管理和服务。

(1) 技能大师主要负责技术决策和技术把关与指导协调。

(2) 技师和高级技师组成的攻关和带教骨干具体承担技术攻关与带徒授艺的任务。

(3) 吸收相关专业的工程技术人员参与，目的是发挥其科学知识系统全面的优势，在工程理论方面给予咨询、指导、把关。青年技工参加工作室，目的是让他们参与到项目攻关与服务中来，在科研活动中培养其操作技能和研发能力。

总而言之，一个较为理想的项目团队是优势互补、人员精干、精诚合作的团队。

5.1.5 项目验收

项目验收是核查项目在规定范围内是否完成了各项工作或活动，以及交付的成果是否达到了计划的目标要求，并将核查的结果记录在案的一系列活动。通过验收，若项目成果合格，项目即可得以圆满完成。

通常在项目验收时，首先要明确项目的起点和终点、项目的最后成果，包括成果的技术性能、图纸等技术文件。如果总项目下面还包括若干个子项目，那么还要明确各子项目成果。

项目验收的标准是指判断项目产品是否合乎项目目标的根据。项目验收的标准一般包括：项目合同书，合同中应该列入成果的技术条件和验收的有关事项的条款。

此外，必要时还包括与项目相关或相近的国际惯例、国际标准，我国的国家标准、行业标准以及国家和企业的相关政策、法规等。项目验收的重点是对项目的工作成果进行审查。

5.2 项目实施的模式与管理方法

项目实施阶段最核心的问题是如何做才能如期、保质、保量地完成任务，因此，选择恰当的项目实施模式与管理方法就显得尤为重要。

5.2.1 项目实施模式

项目实施的模式有多种，常见的有自主型和联盟型。

1. 自主型项目实施模式

即项目任务全部或者大部分由技能大师工作室的成员来完

成。这种模式适用于工种相对单一并且工作量不十分庞大的项目。

2. 联盟型项目实施模式

即在特殊情况下，对于比较复杂的项目，涉及不同的工种，不适宜由技能大师工作室单独实施，但有能力承担其中的一部分任务。总项目则需要整合社会资源，组成跨单位、跨工种的联盟型项目团队。此种联盟仅是为了实施项目，一旦项目结束，联盟即告终止。联盟的成员需要签订合同，明确各方的责任和权利。有条件的也可以把总项目解构为若干个子项目，分包实施。例如，培养人才的项目，技能大师工作室负责比较擅长的技能训练，理论知识部分可委托院校或培训中心来实施。

5.2.2 项目实施的管理方法

项目管理可以采取多种方式，这里主要介绍三种方法：阶段化管理法、量化管理法和优化管理法。

1. 阶段化管理法

项目实施一般分为准备阶段、实施阶段和总结验收阶段。项目的阶段化实施需要阶段化的管理。阶段化的管理指的是从立项、运行维护到验收的全程管理。

小贴士

项目实施的过程，自始至终地贯穿、伴随着管理，这是项目管理法的精髓。即“项目实施的过程，就是项目管理的过程”。

（1）项目准备阶段又可细分为定义与决策阶段和计划与设计阶段。定义与决策阶段就是技能大师工作室经过调查、酝酿和构思，形成一个项目的设想或建议，并在对项目实施的条件进行初步的分析、比较、论证的基础上，形成具体的项目建议书或项目提案。在项目建议书或项目提案获得通过以后，经过进一步可行性分析，最终做出项目决策。

在计划与设计阶段，对于决策实施的项目要编制各种计划（如时间计划、成本计划、质量计划、资源计划和集成计划等），同时进行项目的具体设计工作，即制定项目各阶段所需要做的工作，以及对项目成果的要求和规定等。

此阶段还要配置落实各种资源，具体细化项目实施方案。即根据项目的特点，对项目作业进行分解，确定其阶段性成果验收，以及必要的监督反馈，以增加项目实施过程的可控性。

（2）项目实施阶段。在这一阶段中，在展开实施项目的同时，要运用管理措施进行跟踪控制，以保证项目实施的结果与项目设计的要求和目标相一致。

（3）总结验收阶段。在完成各阶段性成果之后，就应该组织项目验收和决算。验收主要是根据合同所规定的范围及有关标准对项目进行系统验收，并对项目实施过程中所产生的各种文件、总结、技术资料等进行整理归档，包括成果的说明文件、项目总结报告，并以适当的形式发布。

2. 量化管理法

平常我们所说的“让数据说话”就是指量化。量化管理是从目标出发，以数字为基础，以岗位为操作单元，通过工作任务量化、工作能力量化，对关键的决策点及操作流程，实行标准化管控的系统管理模式。

项目的量化管理，应尽可能地将各种要素进行数量化，必须把各种目标、投入、成果等分类量化，精确计算到每阶段所需的人工、物力、财力等。在项目实施过程中，取得的成效或者存在的偏差都应该尽可能量化，并作为绩效考核的依据。只有每个阶段都有清晰的量化管理，整个项目的成、败、得、失才能一目了然。

3. 优化管理法

优化管理是指管理者在实施项目的过程中，对组织内部的各类资源进行有效配置，选择优良组合，以实现既定目标的过程。即以最少的资源投入，取得最大的合乎需求的产出，获得最佳的效率和效益。

优化管理的主要内容是：对人员理念、组织结构、产品需求、资源利用、工作机制等方面，形成有效的管理模式，从而保证实现确定的目标。

优化管理的方法是：分析项目实施过程的各方面所蕴含的知识、经验和教训，更好地积累项目进程中的经验，吸取教训，并面向全体成员发布。通俗地说就是不断地“扬长避短”。如前一阶段的工作，由于管理得好，工作能顺利完成并符合要求，就应该使这一阶段内的管理经验和知识运用到后续的工作中去。如果工作中有偏差，要指出其具体的偏差点并明确偏差产生的原因，采取措施避免再次发生。这些分析有利于进一步优化项目管理。

5.3 项目成果的形态、认定与奖励

技能大师工作室研发项目的成果主要应用在技术和工艺领域。对这些成果的价值进行及时认定，对优秀成果及时表彰奖励，会促进技术成果的推广和利用。看到自己的研究成果产生价值，这会激发高技能人才更大的创新积极性，使其投身到新

产品和新工艺的研制中。

优秀项目成果一般具有三方面特征：创新性，即必须有独创之处；先进性，即必须比现有的知识、技术、方法有所提高；实用性，即必须能带来一定的经济效益和社会效益或学术价值。

5.3.1 项目成果的形态

一般来讲，项目任务有多少种类型，项目成果就有多少种形态。技术攻关与创新，技术服务与人才培养其成果形态也大致可归为三类。

1. 技术攻关与创新产生的物质形态的产品，如特种工艺品、特殊用途的非标准复杂零件、专用设备、教具等。

2. 劳务形态的产品，如技能大师工作室通过技术诊断，治愈生产过程中的“常见病、多发病”；革新了操作法形成了新的生产工艺，研制出了新的产品配方；为企业培训了多少人才，承担多少课时技能训练任务等。

3. 知识形态的成果，如技术论文、革新报告、编写的培训教材、著作，开发了用于职业鉴定的题库、软件等。

5.3.2 项目成果的认定

对项目成果进行认定的目的在于正确判断成果的质量和水平，以促进成果的完善、推广和应用。

1. 成果认定的主体

成果认定的主体可以是企业、行业、政府主管部门或国家专利管理部门。由于技能大师工作室的项目成果多数直接服务于企业的生产，企业的工程技术人员在评定其成效方面就很有发言权，因此，有的项目在企业内被认定即可。遇到成果科技含量比较高、对行业发展有重大影响的，可组织行业专家进行鉴定。达到专利申请水平的，也可向专利管理部门申报鉴定。

2. 成果认定的程序

技能大师工作室项目成果认定的程序随认定的方式不同而有所差别，但必须包括下列基本环节：

（1）申请。由项目实施人向有关部门提出认定申请报告并附翔实、完整的材料。

（2）审查。由认定受理部门审查申报的合规性和资料的完整性，确定达到要求后，方可推荐给专家组进行成果认定。

（3）实施认定。成果审定工作须组织行业内专家集体评议做出。专家组至少三人以上。

（4）文件、证书归档。经过专家组认定的成果，交由认定部门通过发布文件或制作证书的形式予以确认。同时要将评定的所有文件、材料、成果认定说明书及时归档保存。

5.3.3 项目成果的奖励

我国科学技术进步法中规定“建立科学技术奖励制度，对在科学技术进步活动中做出重要贡献的公民、组织给予奖励”。国家的各级政府和行业主管部门都制定了相关的奖励政策。

技能大师工作室的优秀项目成果也应该获得奖励，一般由项目完成者申请或所在的技能大师工作室推荐，经审查评议，核定批准授予。

1. 申报奖励的一般程序

(1) 申报推荐。由技能大师工作室根据奖励办法的要求，向评奖部门提交成果奖励的申报材料，包括项目的研发报告、成果的评价证明以及申报推荐奖励理由等。

(2) 审查评议。评奖部门审核申报材料并按照规定的评议方式组织专家评议。

(3) 核定批准授予。符合奖励条件的成果，经评奖单位核定批准后给予奖励。

2. 申报奖励的条件

(1) 运用技术、技能在研发产品、工艺、材料（配方）等方面进行技术创新，并创造显著经济效益或社会效益的，包括：

1）制作的产品，包括各种仪器、设备、器材、工具、零部件等。

2）开发的新操作法、新工艺，即各种技术方法，包括治愈长期没有解决的生产过程中出现的“常见病、多发病”。

3）研制的新材料和新配方。

4）产品、工艺、材料的技术综合，如较为复杂的复古产品或工程等。

（2）在为企业进行技术诊断、技术攻关等技术服务工作中，解决技术难题，克服技术瓶颈，提高生产效率，取得明显实效，得到企业认可，并有相关证明确认的。

（3）为社会、企业培养人才取得成效，如学员完成培训并取得高级工及以上等级证书，指导技能人才参赛取得优异成绩等。

（4）优秀的著作、软件、动漫等，包括：

1）刊登在正式出版物上的相关专业论文、课题报告，并具有一定影响的。

2）由出版社出版的与相关专业、行业有关的教材、著作。

3）开发出有实用价值的应用软件进入市场，或者受到欢迎的动漫产品等。

案例

某国家级技能大师工作室创新工作奖励实施办法中规定：本办法的奖励核算项目是指在核算时限范围内开始、正在进行或完成的相关课题项目，具体内容详见“核算项分值”。其具体奖励核算项分值设定如下：

1. 课题申请批准：国家级（25 分）、省市集团级（20 分）、院级（15 分）、所级（10 分）。

2. 课题验收评审：国家级（25 分）、省市集团级（20 分）、院级（15 分）、所级（10 分）。

3. 论文发表、得奖：国家级（25 分）、省市集团级（20 分）、院级（15 分）、所级（10 分）。

4. 合理化建议：采纳一项（1 分）、立项一项（5 分）。

……

第 6 章　高技能人才培养

怎样才能把技能大师的高超技能发扬光大？怎样才能使濒临失传的艺术瑰宝不致绝迹？怎样才能使高技能人才队伍不断发展壮大？要解决这些问题，都有赖于人才培养。在高技能人才培养方面技能大师工作室具有得天独厚的优势，肩负重要职责。在高技能人才培养中，技能大师工作室要在人才培养途径、培训模式选择、高招绝技传承和培训质量管理等方面加强工作。

6.1　人才培养的途径

根据以往实践经验，技能大师工作室培养人才的途径一般有三种：专项技能培训、带徒传艺、与职业技术院校联合培养。

6.1.1　专项技能培训

专项技能培训是技能大师工作室根据企业需要，发挥自身优势，有目的地培养技术工人在某一方面的专长技艺。例如，上海航天某研究所的国家级技能大师工作室具有数控加工薄壁复杂零件的丰富经验，他们不仅直接承担这类零件的生产任务，同时还承担企业的青年技工培训任务，经过他们培训的青年数控技工不断充实到企业的生产一线并发挥了骨干作用。又如上海双钱轮胎集团近年来在外省市新建了几处生产基地，随着生产规模的扩大，为保证大型的生产流水线的正常运行，急需熟练的维护技术工人。该集团的技能大师工作室就在上海举办流水线维护技术的岗位培训班，培训生产基地的维护技工，满足了企业发展的需要。

专项技能培训可以有不同的形式，比较常见的是“跟着做、做中学”；也有举办短期专题培训班的。不管是什么形式，都应该贯彻理论联系实际、知识结合技能的原则。“跟着做”的同时，也要适当安排一些时间讲几节与操作有关的理论课。

专项技能培训具有明确的目标，密切结合生产实际，培训的周期一般不太长。经过针对性的培训，员工有效地掌握了相关的技能，从而立竿见影地满足企业生产需求。

6.1.2 带徒传艺

师傅带徒弟培养技能人才是一种传统又现代的有效培训形式。技能大师工作室也有借用学徒制形式培训人才的，只不过它的带徒形式主要以高师带高徒为主要特点。徒弟一般具有高级工的水平，是高技能人才的在职继续培训，或者可以称为“高级工后培训”。

6.1.3 技能大师工作室与职业技术院校联合培养

技能大师工作室与职业技术院校的培养目标都是应用型的高技能人才，前者的优势是实践经验丰富，后者的优势是教学资源完备。苏州的实践证明，整合二者的优势，联合培养高技能人才的探索是可行的、有效的。王金山、蒋雪英等工艺大师与苏州技师学院合作，在全国率先推出“传统工艺技术大师传承班”，专门开设了缂丝、刺绣、玉雕、木雕4个类型的“高级工+大专课程”，采用小班化教学，由大师对其一对一指导。学校不仅提供大师作品展示区，各专业理论与实践一体化教学区等1 000平方米的教学场所，而且与大师共同开发了专业课程，全面培养掌握实用型的技能人才。截止到2012年底，已经先后有30名学生师从大师潜心学艺。此外，苏州市电子信息技工学校也专门开设了“非物质文化遗产——苏帮菜传承班”。该校邀请苏帮菜传承人（大师）到校收徒传艺，为非物质文化遗产传承搭建了新的平台。

这类培养模式的特点是充分发挥工作室和院校双方各自的特长，实现了优势互补，在课程模式上实践工学一体，在教学模式上实现理论与实践紧密结合，学生直接得到大师的真传，并通过配套的课程体系培养和学校环境的熏陶，有望成为新型的、优秀的工艺传承人才。

6.1.4 高师带徒的条件和程序

技能大师工作室在实施人才培养工作中，通常采用拜师授徒的形式，一般都要签订师徒培训合同，以规范双方的权利和义务。

1. 拜师授徒的条件

参与带徒的师傅一般须具备下列条件：①技能等级达到技师和高级技师；②工作业绩显著，并有带徒愿望；③有良好的职业道德，身体健康，能坚持日常工作。

学徒一般应具备的条件：①热爱本职工作，积极上进，业绩明显；②身体健康，能坚持学习和工作；③已经达到高级工水平。

2. 拜师授徒的程序

拜师授徒的程序如图 6—1 所示。

（1）申请。师傅和徒弟对照符合拜师授徒的条件，并达成结对意愿的，填写登记申请表格，由技能大师工作室报送上级主管部门。

（2）批准。上级主管部门收到申请后，经审核认为符合要

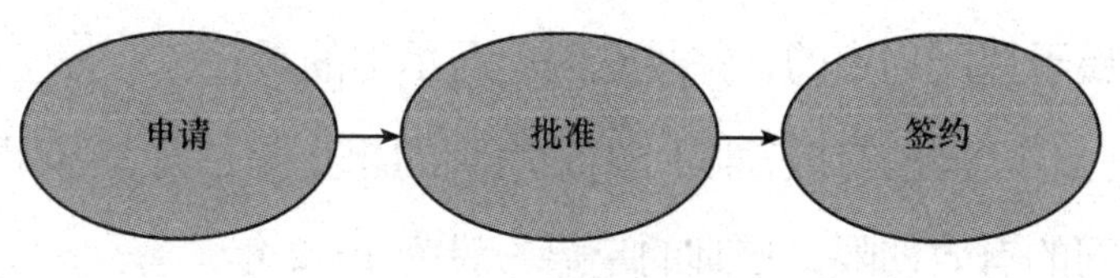

图 6—1　拜师授徒的程序

求的签发同意意见，并反馈给技能大师工作室。

(3) 签约。师徒双方正式签订培训合同，并按照合同规定开展培训。

3. 培训合同的内容

培训合同中一般须明确下列事项：

(1) 师徒双方的基本情况。如姓名、性别、年龄、文化程度、技术职称或技术等级、主要从业经历及业绩等个人信息。

(2) 培训目标。通过师傅传授专业技艺、学徒认真学艺的双边活动，使学徒在培训完成后应该达到的技术水平和技术等级。

(3) 师徒双方的义务、职责和权利。如培训的主要内容和实施的方式、培训过程中师徒双方应该遵守的规则、享有的合法权益等。

(4) 对师徒双方的考核规定。培训期间应该根据考核制度，对师徒双方进行绩效考核。

(5) 违约责任。列出双方在实施过程中可能发生的哪些情况是属于违反约定的，并规定因此而承担的责任。

(6) 合同的有效期限。实施培训的起止年、月、日即为履行合同的有效期限，培训的年限一般为1～2年。

(7) 须有第三方见证。一般可由企业的相关部门或技能大师工作室的管理部门见证。

6.2 培训的模式与方法

在职人员的培训既要遵循成人教学的规律，也要选择恰当的模式和方法。

近几年来，国家人力资源和社会保障部组织推进的“工学一体化教学”，以工作任务为导向，以职业标准为依据，全面培养学生的综合职业能力，在实践中取得了显著的成效，目前正在扩大试点中。其理念和课程开发技术值得在技能大师工作室人才培养工作中学习和借鉴。

技能大师工作室人才培训还可以借鉴国际公认的行之有效的行动导向型教学法及CDIO教学法等先进的教学方法。

小贴士

行动导向型教学法和CDIO教学法是世界流行的先进

的职业教学与培训方法。其核心是联系实际，学用结合，心、脑、手并用，而不同于“老师讲、学生听”的传统教学方法。

6.2.1　行动导向型教学法

行动导向型教学法兴起于 20 世纪 80 年代，它代表了当今世界上的一种先进的职业教学理念和方法，是世界职业教育和培训中出现的一种新的思潮。行动导向型教学法与传统教学法的比较见表 6—1。

表 6—1　　行动导向型教学法与传统教学法的比较

	行动导向型教学法	传统教学法
教学形式	以学生活动为主，以学生为中心	以教师传授为主，以教师为中心
学习内容	间接经验和直接经验并举，在验证间接经验的同时，某种程度上能更多地获得直接经验	以传授间接经验为主，学生也可通过某类活动获取直接经验，但其目的是验证或加深对间接经验的理解
教学目标	兼顾认知目标、情感目标、行为目标的共同实现	注重认知目标的实现
教师作用	教师不仅仅是知识的传授者，更是学生行为的指导者和咨询者	教师是知识的传授者

续表

	行动导向型教学法	传统教学法
传递方式	传递方式是双向的，教师可直接根据学生活动的成功与否获悉其接受教师信息的多少和深浅，便于指导和交流	传递方式是单向的，教师演示，学生模仿
参与程度	学生参与程度很高，其结果往往表现为学生要学	学生参与程度较弱，其结果往往表现为要学生学
激励手段	激励是内在的，是从不会到会，在完成一项任务后通过获得喜悦满意的心理感受来实现的	以分数为主要激励手段，是外在的激励
质量控制	质量控制是综合的	质量控制是单一的

行动导向型教学法是德国文教部长联席会议在 1999 年制定的《框架教学计划》中所决定的一种新型的职业培训教学课程体系和先进的职业技术培训教学法。

由于这种教学方法对于培养人的全面素质和综合能力十分有效，因此，被世界各国的职业教育界与劳动界的专家所推崇。这种教学方法是对传统的教育理念的根本变革，其目标是培养学生的关键能力，让学生在活动中培养兴趣，主动地学习，让学生学会学习和体验学习的快乐。

行动导向型教学的主要特征是让学生在行动中学习，学生是“先行后知，做中学”，教师是“做中教”。行动导向型教学是以小组为单位的学习，学生在主动、交流、合作、创新及自我管理的过程中掌握知识，提高职业能力。

整个教学过程可分为收集信息阶段、独立制订工作计划阶段、决定阶段、实施阶段、检查阶段和评估阶段。在整个教学过程中学生始终占据主体地位，教学质量的高低最终通过学生的综合素质得到反映和体现。采用行动导向型教学法进行教学，学生在获取知识和学会技能的过程中，必然会引起素质的变化。这个素质指的是学生的思维和行为方法、动手能力和技能、习惯和行动标准及直觉经历、需求调节、团队合作等方面的综合反映。

行动导向型教学包括一整套教学实施的具体方法，可以单项应用，也可以综合运用。如，大脑风暴法、卡片展示法、畅想落实法、角色扮演法、案例分析法、项目教学法、引导课文法、项目与迁移教学法、模拟教学法等，都有比较好的效果。

6.2.2 CDIO人才培养模式

CDIO人才培养模式，可以通俗地理解为“在实践中学习，学做结合，总结提升”的培训技术人才的方式、方法。

CDIO工程教育模式是近年来国际工程教育改革的最新成果。从2000年起，美国麻省理工学院和瑞典皇家工学院等4所大学组成该跨国研究项目，该研究项目获得了Knut and Alice Wallenberg 基金会近 2 000 万美元的巨额资助。经过 4 年的探索研究，项目组提出了 CDIO 工程教育理念，并成立了以 CDIO 命名的国际合作组织。CDIO 的理念不仅继承和发展了欧美 20 多年来工程教育改革的理念，更重要的是系统地提出了具有可操作性的能力培养、全面实施以及检验测评的 12 条标准（略）。

CDIO 四个英文字母分别代表了构思、设计、实现和运作，它以产品研发到产品运行的生命周期为载体，让学生以主动的、实践的、课程之间有机联系的方式学习工程。CDIO 培养大纲将毕业生的能力分为工程基础知识、个人能力、人际团队能力和工程系统能力四个层面，大纲要求以综合的培养方式使学生在这四个层面达到预定目标。CDIO 人才培养模式是让学生跟随产品生命周期全过程进行“学中做、做中学”的综合学习与实践，从而培养学生系统的工程技术能力的一种培养模式。技能大师工作室人才培训的特点，也是以项目实施为载体的，完全可以借鉴 CDIO 模式来培养人才。

CDIO 模式要求学生结合某些具体技术项目来学习和实践，学到的不仅仅是局限于解决这个具体项目的能力，而且还同时学会与之相关的通用能力，进而能够解决一般的技术项目可能出现的一些问题，这就是所谓的“做中学”。换言之，“做中学”当然要通过具体的技术项目才能进行，但得到的结果应当是从具体工程实践中抽象出来的能力和方法。

课程设置要求建立和发展课程之间的关联，使培训目标得到多门课程的共同支持。以往各门课程之间都是按学科内容各自独立，彼此很少关联。而 CDIO 按照工程项目全生命周期的要求来组织教、学、做，突出课程之间的关联性，围绕培训目标进行系统设计，从而避免不必要的重复，也有利于学生解决综合问题。

完成此项工作的关键是打破教师之间和课程之间的“各自为政”，而是围绕 CDIO 工程项目的实施进行教学计划设计和课程关联工作。其主要内容为：

1. 以项目设计为导向的能力培养理念

工程设计是包含了工程实践的全部内容，功能、技术、经济以及环境、社会乃至历史都要在项目设计的过程中得到反映。据此形成以项目设计为导向、以能力培养为目标的培养模式，通过项目设计整合所有需要学习和掌握的知识和能力，打破常规课程的分割，成为专业核心课程。

CDIO 通过精心规划的构思、设计、实施、运作项目，引导学生产生对核心专业课程的学习兴趣，在学习专业知识的同时亲身体验设计过程，使得知识的学习和应用之间形成良性互动，从而达到能力培养、综合发展的目的。

2. 以工作任务为中心的课程内容

课程的内容根据工作任务中的知识和能力的组织方式进行编排，学用一致，学与做融为一体。技术实践知识和能力是学习的核心，此外为了促进对实践过程的理解、促进实践能力的迁移以及创造性实践能力的形成，需根据实践的需要选择部分理论知识。总之，课程要以工作任务为中心来组织课程内容，把“做中学”作为主要学习方式。

3. 理论考核与操作考核相结合的课程评价

要把技能评估作为评估重点，有利于职业能力的提升落到实处。

6.3 绝招绝技传承的方式

绝招绝技大致可以分为两类：一是属于传统的特种手工艺，如古典工艺品的制作；二是一般行业中的高手掌握的某种擅长的技艺、独到的操作方法或者诀窍等，效率比同行高，如刃具、刀具的刃磨等。无论是传统技能大师工作室还是一般行业中的技能大师工作室，都有培养人才的责任。

6.3.1 认识、记录、整理、总结是绝招绝技传承的基础

通过对绝招绝技的认识、记录、整理、总结，给出合理

的、科学的诠释是使之得以传承的基础。

由于历史的原因，如受制于生产力发展的水平、科学技术的水平以及人们的认识水平，人们曾经无法解释绝招绝技，把有些绝招绝技“神秘化”了。有些绝招绝技好像说不清道不明，只能通过一对一的反复地操作、揣摩去领悟。如果揣摩准了，学的人就学会了；如果揣摩不准，就学不会。培训绝招绝技之所以有难度，主要是因为没有培训教材，知识和技能处在一个模糊系统中，当然难以传承。

目前生产力发展，人们的认识能力和认识水平有了较大提高。随着认识事物的技术、方法和手段大为丰富，绝大多数的绝招绝技都能得到“破解”。譬如，经过观察、分析，可以用文字、影像记录将师傅的绝招绝技复制、记录和还原。

有了对绝招绝技的科学描述和纪录，开发教材和传承技艺就有了基础和可能。

技能大师工作室可以发扬自身优势，联手院校共同开展总结绝招绝技的工作，开发出相关的教材。如，苏州技师学院的教师与多位工艺技能大师合作编写了《刺绣工艺》《雕刻工艺》和《缂丝工艺》等多种专业工艺培训教材；苏州工艺美术职业技术学院教师与桃花坞木刻年画大师共同开发了《桃花坞木刻年画工艺》，并将其植入该院装饰艺术系“民间艺术与现代运用”的专业课程设置。

6.3.2 与职业院校合作传承绝招绝技

在这方面，苏州市做出了可贵的有益探索和实践。除前面已提到的苏州技师学院“苏州传统工艺技术大师传承班”外，大师走进院校传技授艺的例子还有许多。如，苏州工艺美院，通过自愿报名、择优录取的方式，遴选优秀学生进入“桃花坞木刻年画研修班”。研修班采取学院式教育和老师傅言传身教相结合、理论基础知识与实践技能相结合的方式，培养民间工艺的传人。此外，苏州工业园区职业技术学院引进苏州光福须氏核雕传人，开展技艺培训。苏州焊接技术技能名师工作室就建立在苏州技工学校内。

与职业院校合作传承绝招绝技的优点在于：

1. 传承方式的现代化

大多数的传统工艺源自作坊方式，以往的传承方式主要是在生产现场的师带徒。传统师徒制人才培养方式规模小、效率低。不能满足对技能人才的需求。而院校参与进来，培训场地扩大了，理论教师加强了，再加上大师的技能优势，多方优势叠加，取长补短，使培训能力显著提升，质量也有保障。

2. 培训的规范化

在院校进行培训，纳入学校正常的教学管理体系，培训质量更易得到保证。

6.3.3　在企业实践中“手把手”地传授

生产现场既是绝招绝技的应用现场，也是传承技艺最好的场所。在生产实践中，在师傅的直接指导下，学员经过模仿操作——观察体验——领悟提高，理解和掌握绝招绝技的速度会比较快。

6.3.4　通过多平台实施培训、交流

1. 讲座、展示

组织绝招绝技的专题讲座，并现场表演、展示。讲座除了主讲人演讲外，还必须安排互动环节，以便双向交流。有现场操作条件的，应现场操作；不能现场操作的，可进行实物展示。

2. 院校开设短期课程

许多技能大师已被相关院校聘为专业课程的专任教师，承担教学任务。以专业课程的形式传承技艺，有利于培训的规范化。

3. 短期培训

如前面所提到的专项培训，开展传统技艺的短期培训是一种比较灵活的传承方式，具有针对性强、周期短的特点。

4. 网络互动，信息共享

生产中的技能问题有些是互通的，当遇到问题，相同工序工种的师傅们或者师徒之间也可借助网络平台进行讨论和解答。例如，上海通用汽车有限公司，他们在上海、沈阳、烟台和武汉四个地方都设有生产基地。该公司利用网络构建了技能大师工作室的信息交流平台。有问题就在网上交流，一个问题解决之后，就将总结的案例方案放到网上，四个地方均可分享。再如中国电信上海公司西区电信局线务员创新工作室，其领衔者高级技师徐君的绝活之一是光纤暗线入户穿管，此绝活解决了上海许多历史建筑的光纤入户的老大难问题。他个人出资建立了“线务员之家”网站，注册用户达 15 000 人，成为全国各地线务员的技术交流平台。又如苏州的数控名师工作室开发了一个网络交流平台，发布行业动态、数控技术应用等信息，实现远程传播。

6.4 培训质量管理

由于技能大师工作室是一个新事物，创建的时间不长，在培养人才质量管理方面积累的经验不多，尚需进一步摸索。但有活动就必须抓质量管理。质量管理的原则、主要内容及实施方法等还需要进一步明确。

技能大师的工作有两部分，一是技术攻关与创新，二是人才培养，其质量管理也应该相应地分成两部分。技术攻关与创新部分属于技术质量管理研究范畴，在本书不予讨论。本书重点放在人才培训活动的质量管理方面。

6.4.1 人才培训的质量管理原则

人才培训的质量管理原则必须服从和服务于技能大师工作室的职能目标。根据技能大师工作室高师带高徒的特点，可以将工作室的人才培训质量管理原则归纳为：预防性原则、协作性原则、全员参与和全程控制原则。

1. 预防性原则

质量管理的主要作用是防患于未然。凡是可能影响到培训质量的人和事都应该预先评估并纳入管理控制范畴。例如，师傅的质量、徒弟的基础素质、使用的教材、培训的设施设备是否充足合理等，都要掌握和控制。还有过程中可能出现的问题，如时间的保证问题、发生偏差与矛盾后该怎么办等等，要努力把问题消灭在萌芽状态。

2. 协作性原则

工作室培养人才的一大特点是用一个团队来做，丰富了师傅资源，这是积极的方面。但这也带来了人多需要协调协作的问题。再如，师傅主要教授技能，理论知识培训需要借助企业工程技术人员、职业院校、企业培训中心等，这也涉及协作的问题。还有就是培训与鉴定在内容方面的衔接问题等，都是培训质量管理中需要解决和有效控制的问题，必须大力加强协调协作。

3. 全员参与和全程控制原则

培训中无论是师傅还是徒弟出现问题，或是技能训练与理论教学发生了不衔接的问题，这都会影响培训的质量和效率。因此，必须进行“纵到底、横到边”的全员全过程控制。只有如此，才能保证工作室培训人才的高质量。

6.4.2 工作室人才培训质量管理的流程与重点环节

工作室人才培训质量管理的基本流程如图 6—2 所示。

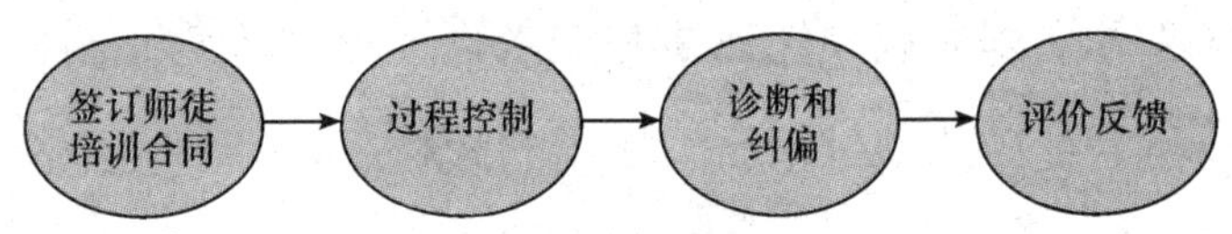

图 6—2 工作室人才培训质量管理的基本流程

1. 签订师徒培训合同

签订师徒培训合同是质量管理基本流程的首要环节。首先选好师傅和徒弟最为关键。这其中要把握好以下几点：

(1) 师傅水平高并且有带教的愿望；徒弟基础素质好，好学上进。

(2) 双方互选，自愿结对。

（3）培训合同要全面清楚并且双方认可后再签字。

（4）最好组织一个正式的签字仪式，以增加双方的责任感和荣誉感。

2. 过程控制

企业人力资源部门和工作室的负责人要重视过程的控制和督导，把培训合同的事项一一落实。

3. 诊断和纠偏

工作室的负责人应注意日常观察，发现培训中的问题要及时指导和纠正，使其始终沿着培训合同规定的路线完成培训任务，切不可合同签订后放任不管。

4. 评价反馈

企业人力资源部门对技能大师工作室的人才培养工作可组织定期或不定期的检查、评估，将检查、评估中取得的成果和结论向受评的工作室负责人进行反馈，以便于其坚持正确、改正不足。

6.4.3　培训质量标准的确定

质量管理是借助于评估来实现的。评估就必须有科学规范的评估标准体系。鉴于技能大师工作室所在的行业不同，加之具体情况又千差万别，从整体上难以对质量标准量化，但还是有必要确定一些基本的、共同的、可供参照的质量标准。

技能大师工作室人才培训质量评估标准体系要素如下：

1. 政策制度，主要包括人才培训的管理办法、师傅与徒弟的条件、培训合同样本等。

2. 资金条件，如职工教育经费支持、企业专项资金支持、奖励资金、科研经费等。

3. 培训资源，主要包括场地、计算机及实训设备，教材、专业杂志、光盘等图文资料，教学活动所必需的黑板、桌椅等。

4. 师资团队，如带教师傅的技术职务职称、知识与技能水平等。

案例

苏州市非物质文化遗产保护办公室与苏州技师学院、王金山技能大师工作室合作，将技师学院作为非遗缂丝专业保护、传承试点单位，整合三方优势资源共同打造缂丝专业实践性人才培养基地。根据协议，市非遗办为学校缂丝技艺人才培养项目每年提供10万元的专项资金，并对缂丝专业继承人就业、创业提供政策及资金扶持；王金山大师工作室提供人才培养的专任教师师资保障，并负责缂丝继承人考核选拔及提供实习、就业平台；技师学院则有针对性地培养缂丝工艺从业人员。“学院搭建平台、非遗办协调促进、工作室潜心培养、学生发扬传承”的多方共赢机制，开启了技能大师绝招绝技传承的新模式。

第 7 章　技能大师素质能力再提升

本章所指技能大师，是在技能大师工作室处于领衔者地位的，他们在工作室中扮演着多种角色，如组织者、示范者、教练、协调者等（见图 7—1），工作要求高，承担的责任大。要胜任这一职务，就必须通过持续学习和实践，增长知识、开阔视野，进而提升能力。也只有如此，才能带领工作室与时俱进，为企业发展做出更大的贡献。

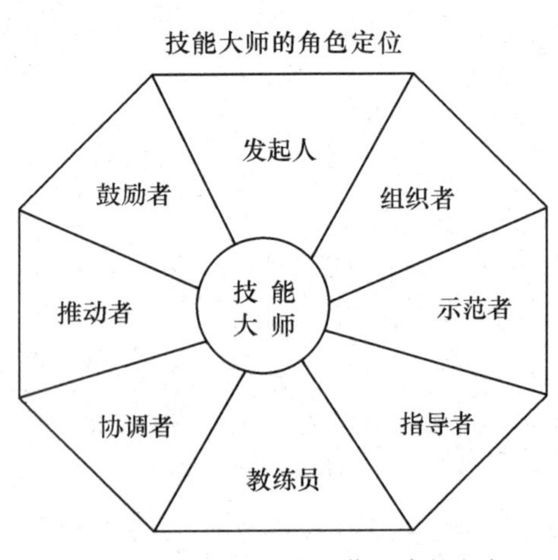

图 7—1　技能大师在工作室中的角色

学习提升非常重要，但要取得理想的结果也要讲究方法。技能大师的学习提升应从以下几个方面去努力：牢固树立终身学习的理念，选择恰当的内容、方法与途径，掌握著书立说的方法等。

7.1　技能大师应牢固树立终身学习的理念

孔子讲："敏而好学，不耻下问"；毛泽东讲："饭可以一日不吃，觉可以一日不睡，书不可以一日不读"；周总理讲："活到老，学到老，革命到老"。先贤和老一辈革命家的话都告诫我们，不学习就会落后，就赶不上社会进步。技能大师更要牢固树立终身学习的理念，有强烈的学习意识和学习能力。不仅自己努力学习，还要带领团队成员一起学习、一起研究、共同提高。

7.1.1　终身学习的益处

终身学习的益处是多方面的。第一，学习能使我们快乐生活、积极工作。当一个人树立了终身学习的理念并付诸行动后，他总能发现自身的不足之处，并通过学习和实践来弥补，他必定拥有十分积极的工作和生活态度。第二，学习会给我们带来战胜困难的勇气和力量。学习使技能大师从容地面对技术攻关与创新发生的一切挫折与困难，无论是成功还是失败、赞美还是批评，都能正确地转化为新的动力，不断攀登技术和人才培养的高峰，使工作室价值充分体现。第三，学习还能给我们带来尊重和朋友。技能大师带头学习可以培育工作室的学习氛围和学习文化，使工作室因此而更具凝聚力，逐步从工友向学友的关系演变。总之，技能大师树立终身学习理念，形成学习习惯，不仅自身受益，而且还是带队伍、实现团队目标的一种不可替代的方法。

7.1.2 技能大师学习的基本特点

技能大师在企业内生产任务重、研究任务重、带教任务重。上述特点就决定了时间对技能大师来讲非常珍贵，因此不能长时间集中脱产学习。他们的学习特点大致可归纳为以下几点：

1. 结合工作学习，实用性强。即工作中遇到什么任务就结合任务去学习，缺什么学什么，差什么补什么。

2. 学习方式以自学为主、以请教为主。自己看书与向他人请教成为技能大师学习的主要方式。

3. 从实践中总结提升是重要途径。

4. 学习的随机性强，学习内容呈碎片化。参观考察、参加会议和展览会等成为技能大师学习的一种补充。见到问题要记录下来，看到好方法也要记录下来，积少成多是学习的重要方式。

7.2 技能大师学习提升的重点内容

从履行职责的角度看，技能大师学习的重点内容一般应放在三个方面：管理知识与管理技巧，专业知识与技能，人才培养能力。

7.2.1 学习管理知识与管理技巧

作为大师工作室的领衔者，管人、管事、管财、团队建设、管理技术等，都是技能大师需要学习的知识和技巧。在这之中，学会使用思维导图技术改善管理，学会开展技术调研，提高写作能力、沟通能力、技术咨询和指导能力等是重中之重。

1. 学会使用思维导图技术改善管理

思维导图是一种有效的思维工具，其核心是引导思维，图是一种很有吸引力的表达形式。思维导图技术可以应用于管理、学习、生活的各方面。

思维导图是由英国学者托尼·巴赞（Tony Buzan）在20世纪70年代初期所创，我国于1998年出版了他的著作《思维导图——放射性思维》，思维导图软件（MindManager，上因特网可下载）也已在我国广泛应用。通过思维导图技术的引导，我们可以逼自己思考、逼自己抓住思维线索、逼自己表述、逼自己整理出头绪，最后逼出较满意的结果。

现在，我们试着用思维导图软件来编制工作室的年度工作计划，如图7—2所示。从图中可以感到，用思维导图软件来编制工作计划思维活跃、思路清晰、效率较高。此外，在编制团队建设计划、工作室规章制度，制订技术攻关方案，进行某项工作总结时，都可以用上述方法来理清思路、提高效率。

小贴士

在团队中可以开展系统思考的训练，让大家清楚地认识到自己在系统中的位置、在团队中的角色、组织的共同愿景；自己在系统中肩负的责任和使命；在工作流程中，自己的上游在思考什么、正在做什么，下游在做什么、工作状态如何、需要怎样的预示和引导。这样系统动态地思考问题，每个人就可以在任务面前先从自己肩负的责任出发想到自己应该干的工作。

2. 学会开展技术调研

技术调研是做好工作室工作的一项基本功，技术调研能力是技能大师整体素质和能力的一个重要组成部分，各类工作室领衔者要充分认识技术调研的重要性，始终坚持和不断加强调查研究。

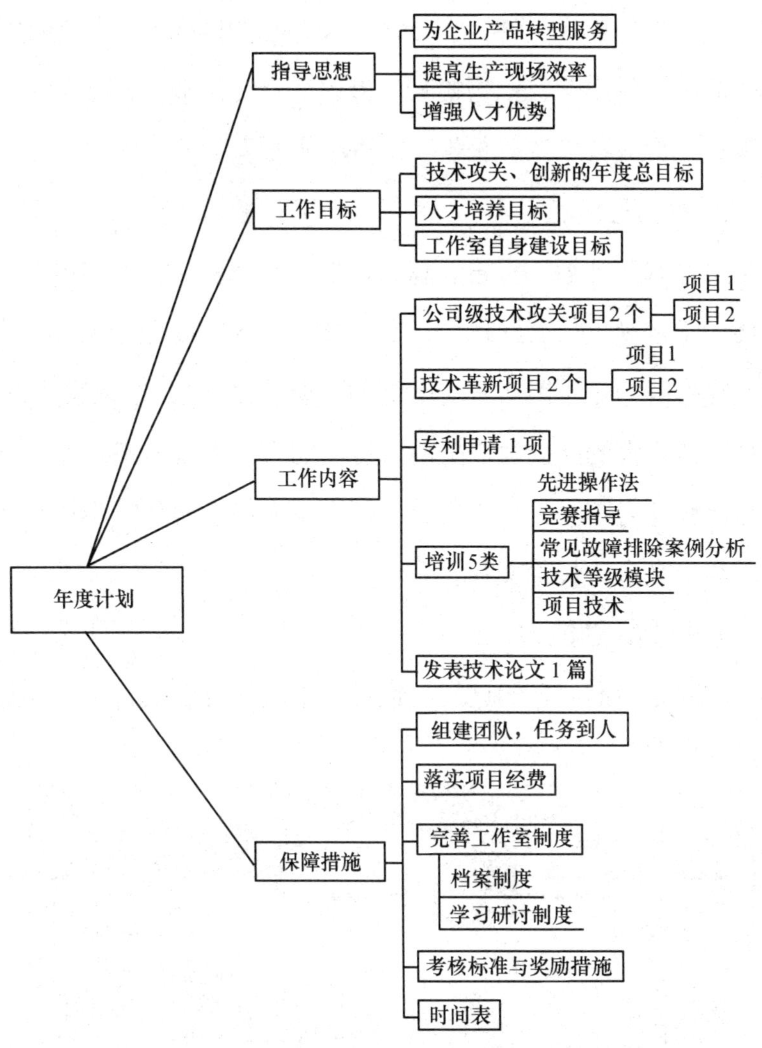

图7—2 技能大师工作室年度工作计划思维导图示意

工作室在技术调研中要坚持实践第一的观点，实事求是，善于发现本职业（工种）在技术层面存在的问题，分析产生问题的原因及其影响，积极探索发展趋势，提出解决问题的方案或建议，形成技术调研报告，推进技术开发。

3. 提高写作能力

通过撰写计划、报告、总结、论文等来反映工作室的工作进展、学术观点与实践体会，是技能大师经常要做的工作。一定的写作能力是领衔者必备的能力。但从目前来看，技能大师群体在这方面的能力急需提高。提高的方法主要是参加学习班和自己勤练习。可先写小文章、短文章来练习写作，然后逐步试着写大文章、长论文等。

4. 提高沟通能力

沟通是传递信息的过程，也是一个较为复杂的过程，沟通的过程如图 7—3 所示。

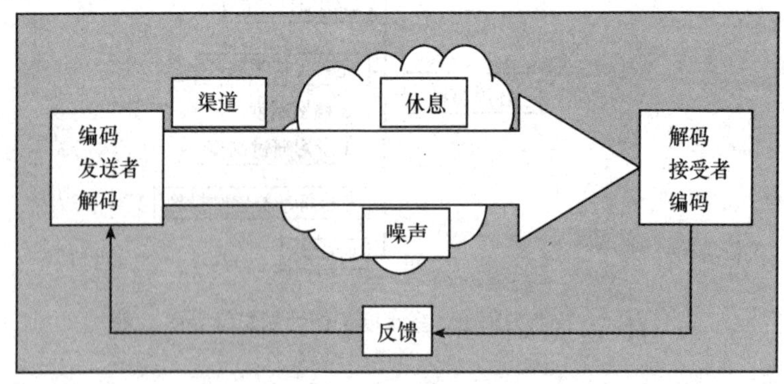

图 7—3　沟通过程简图

沟通在工作室管理中具有三个方面的意义：①沟通是协调各成员、各要素之间的关系，使工作室成为一个整体的凝聚剂；②沟通是技能大师激励成员，实现工作室职能的基本途径；③沟通是工作室与外部环境之间建立联系的桥梁。沟通能力包含表达能力、争辩能力、倾听能力等。沟通能力是个人素质的重要体现，它关系着一个人的知识、能力和品德。技能大师可以测试一下自己的沟通能力，有意识地学习一些沟通方法。

5. 提高技术咨询和指导能力

工作室在日常工作中经常需要对相关单位或部门提供技术咨询和指导。内容包括：论证技术方案、参与产品设计、开发新工艺流程和操作法、编制操作手册和技术文档等。在接受任务时，工作室一般应与对方签订技术咨询指导协议，双方约定服务内容和要求、技术成果归属、双方权利和义务、保密要求、服务期限、服务费用、出具咨询意见和论证结果等服务成果的具体要求等。工作室对个人提供技术咨询指导的，应根据实际情况明确相关事项。

技能大师要提高对技术咨询和指导的认识，了解技术指导与行政管理的区别（见图7—4）。技术咨询与指导是一种双向的伙伴关系，双方共享所拥有的知识和经验，以便最大限度地

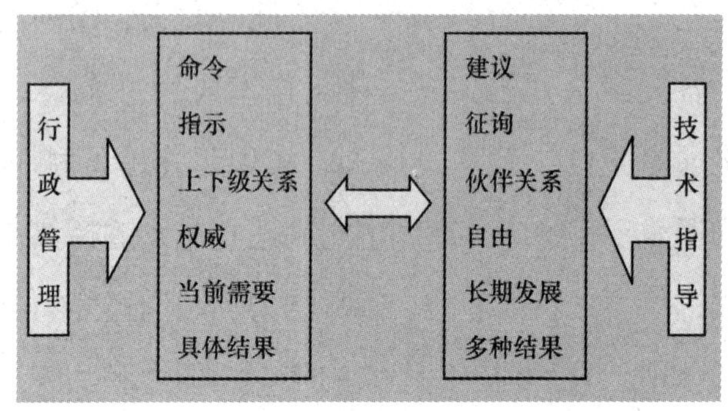

图 7—4　技术指导与行政管理的区别

发挥接受指导者的潜力并帮助他们达到自己的目标。

努力提高技术咨询和指导能力，除技术层面的要求以外，还要遵守法律法规和职业操守，并且要学习谈判协商的方法。

7.2.2　专业知识与技能的再提升

1. 参加“四新技术”学习

“四新技术”即新技术、新工艺、新材料、新设备，四个方面相提并论、无主次之分。随着产业结构的转轨变型和产品的升级换代，“四新技术”不断出现。如，传感器技术、人工智能和优化技术、网络协同和集成技术、绿色制造相关的信息技术。再如，集散控制系统（DCS）、现场总线控制系统（FCS）、生产执行系统（MES）、计算机辅助设计系统（CAD、CAM、CAPP、PLM、PDM）、企业资源计划管理系统（ERP）等。

在行业技术领域，以汽车制造业为例，近5年年均新技术推广达到20项以上。如围绕绿色能源方面的新技术是近两年陆续推出的新技术和未来发展方向。在建筑业，2010年推出十大新技术：地基基础和地下空间工程技术、高性能混凝土技术、高效钢筋和预应力技术、新型模板和脚手架技术、钢结构技术、安装工程应用技术、建筑节能和环保应用技术、建筑防水新技术、施工过程检测和控制技术、建筑企业管理信息化技术。

各行各业的"四新技术"都在迅速发展，技能大师必须通过不断地学习新的技术技能，始终站在本行业"四新技术"的前沿，不断提高"看家"本领，才能充分发挥工作室的功能。

2. 提高信息素养

1974年，美国信息产业协会主席泽考斯基指出："具有信息素养的人，是指那些将信息资源应用到工作中得到良好训练的人。有信息素养的人习惯使用各种信息工具和主要信息来源的技术和能力，以形成信息解决方案来解决问题。"美国南部学校协会将信息素养定义为：查找、评估和使用信息，并具有独立的终身学习的能力。近20年来，信息技术和网络通信技术的迅速发展，彻底改变了各行各业的管理模式和人们的思维、工作、生活模式。技能大师作为工作室的领衔者，也同样要积极认真学习信息技术，努力提高信息素养，学会用信息技术解决工作中的问题，提高工作效率，形成与信息社会相适应的价值观和责任感。

提高信息素养的主要途径为：学习信息技术知识并持续更新；培养运用信息技术平台的习惯；在信息技术支持下，设计、整合本工作室的相关工作。

3. 参加国内外相关技术交流研讨活动

技能大师走出去参加本行业内的一些技术交流研讨活动，会接触到一些新的信息和高水平的人，从而开阔视野，对技能大师自身能力的提升十分重要。人力资源和社会保障部中国职工教育和职业培训协会从 2012 年起已经多次组织技能大师工作室建设方面的现场经验交流活动。如 2012 年组织部分企业代表在苏州参观江苏省电力公司的李世倩首席工作室；2013 年组织 100 家企业代表参观上海锅炉厂有限公司的国家级金德华维修电工技能大师工作室。此外，上海航天局近年来积极组织工作室技能大师进行航天局内部同行的技术研讨，并创造条件让他们参加国内外相关技术交流研讨活动。苏州的王金山缂丝大师工作室、蒋雪英刺绣大师工作室、数控技术名师工作室、模具名师工作室、古典建筑名师工作室等经常组织国内外技术交流研讨活动，促进工作室不断提高水准。

我们的技能大师如果一年有一次以上的机会参加比较高端的国际或国内的同行技术研讨，并结合实际开展技术技能创新，他们的贡献率将是巨大的。

7.2.3　人才培养能力的再提升

人才培养能力就是带徒授艺的能力。作为技能大师不仅是攻关的示范，也必须是人才培养的示范。人才培养既是一门学问，也有自身的能力和窍门。技能大师提升人才培养能力的重点，建议从提升自身的“软技能”和学习培训指导的知识与技巧两方面入手。

1. 提升“软技能”

“软技能”是指人除了智力、体力这些硬技能之外的一些能力，主要包括：持久力、专注力、创造力和人格力，如图7—5 所示为团队成员四种“软技能”的训练。软技能虽然无形，但在工作中又会时时体现出来。教育培训本身就是一种影响人的活动。只有技能大师具备了这些“软技能”，并在工作、带教中体现出来，才会让学员感受到并逐渐迁移内化到他们的行为之中。

2. 学习培训指导的知识与技巧

技能大师工作室育人的特点是高师带高徒。学员基本上是具有高级工以上的熟练技工，常用的技能已经非常熟练，带教

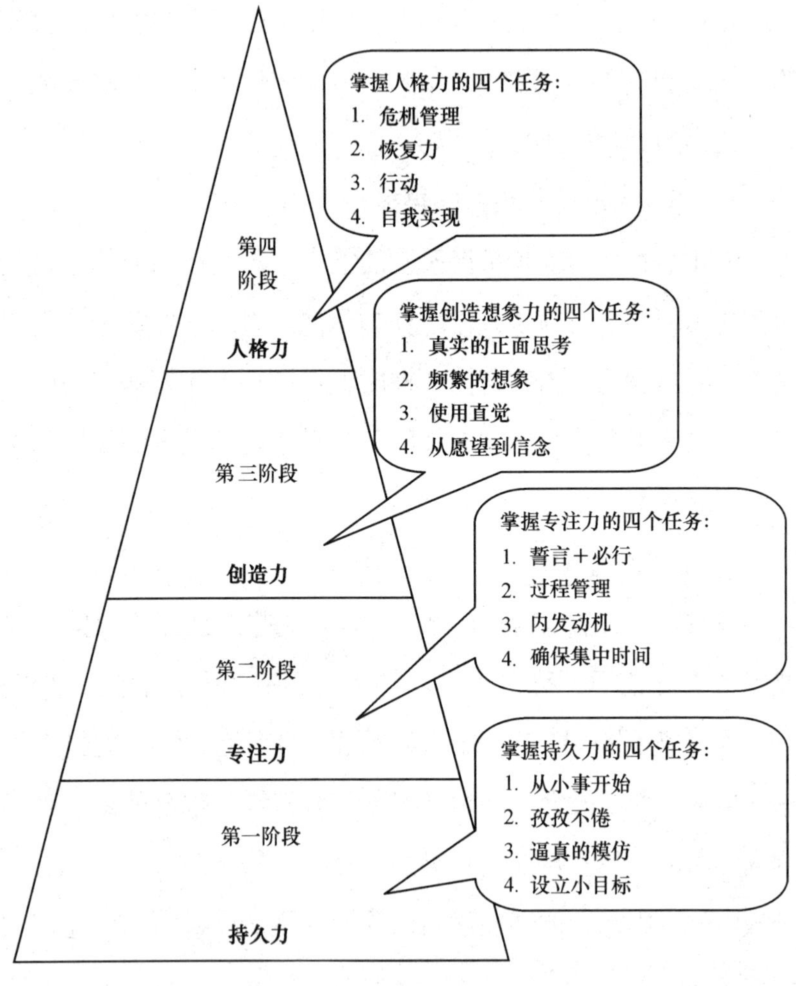

图 7—5 团队成员四种“软技能”的训练

不需要面面俱到，而是要进行有针对性的指导、训练、咨询。

技能大师作为高级培训师，进行培训指导的技巧有以下几个方面：以鼓励被指导者为基本前提，应学会实施间接指导，注意在工作中进行观察，能够预见将要发生的问题并提出解决方案，能够准确具体地传递指导信息等。

请注意，指导技能练习和提升能力是一个实践性很强的工作，既要学习必要的知识，又要勇于实践，并在实践中总结提炼出自己的感悟。用自己的感悟去指导他人，才是最有效的指导。

7.3　技能大师学习提升的策略与途径

对于成人来说，无论学习何种知识、提升何种能力，都存在选择何种策略与途径的问题。策略与途径的选择合理，将事半功倍；反之则是事倍功半。

7.3.1　学习策略

学习策略有很多种，这里推荐一种国际上常用的行之有效的经验性学习策略（见图 7—6）。在经验性学习策略中，学习分为四个阶段：第一，学习的起点是具体的经验，这很符合技能大师及其团队的情况；第二，新经验通过反思式的观察与原有知识基础相联系；第三，个体通过逻辑思维抽象出一个方案(理论)；第四，通过主动性的实验，在新环境中尝试这一方案。

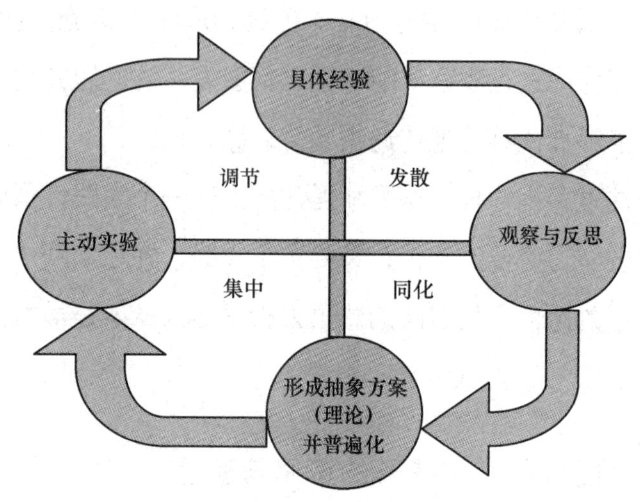

图 7—6　经验性学习策略

7.3.2　学习途径

从以往的经验看，学习的途径大致可以归纳为四种：向书本学习，向实践学习，向同行学习，不断总结提炼。这四种途径不是彼此孤立的，而是相互联系、相互交叉、组合使用的。

1. 向书本学习

读书是最便捷的学习方法，技能大师要有计划、有选择地读一些与自己工作生活直接相关的书籍。我们可以应用前面介绍的思维导图技术来高效地向书本学习，就是把书本的知识转化为自己掌握的知识——“读成我的书”，如图 7—7 所示。

2. 向实践学习

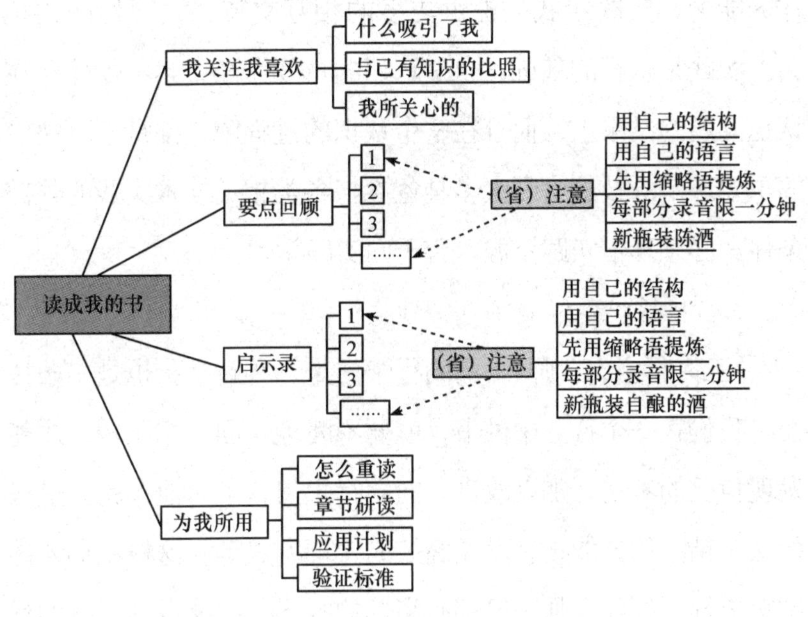

图 7—7　“读成我的书”思维导图

“实践出真知”“实践是最好的老师”。实践不仅是“谋生”的途径，也是我们拓展工作、生活、知识的最好载体。读书是学习，实践是更重要的学习。只有在真实的实践中接受教育，才能真切地感受“做什么”和“怎样做”。一项技术研究任务，一次技术咨询指导活动，一套工具或夹具的改装，一个“常见病”的解决，一个故障排除，一次主题研讨，一个调查报告，等等，一次次深切体验后，实践中培养的创新精神和解决问题的能力会不可估量。实践还有助于我们养成合作意识和发展协作的能力，实践给我们提供更多的相互交流、共同切磋的机会。实践是认识的基础，也是认识的重要途径，它不仅体现在认识问题的结果上，而且在整个认识的过程中，都是不可缺少的重要环节。技能大师大多具备参与各类相关技术实践的外部条件，必须珍惜实践资源，善于向实践学习。

3. 向同行学习

“三人行必有我师”，向同行学习是一种智慧，也是一条捷径。我们在一个行业中做事，就要不断地与同行相比较，才能发现自己的不足，加以改进。向同行学习，学习他人的先进操作法、精湛的技能技艺以及高效的管理方式等，这样我们才能做得更好。技能大师一般都有高远的眼界，能够看到同行的优势和自身的不足，并勇于对自身进行否定，保持理念与技术的常新，保持自己的领先地位。向同行学习的根本目的是自我提升和完善，不断保持和优化竞争力。与同行相比，我们能否将产品设计得更加精良？我们能否把产品质量把控得更加精准？我们能否将管理做得更加井然？通过向同行学习，我们能发现自身的问题。学习、消化、吸收、评估、改进，这是一个完整的学习环节。

4. 不断总结提炼

总结提炼就是把实践中最有价值的东西提炼出来，形成规律性的认识，以便后人能够学着做。技能大师不是普通的技工，不应是“只会做不会说的闷葫芦”。而会说的前提是会总结。工作本身是平凡的，但平凡中肯定也有不平凡的地方，把那些不平凡的东西找出来，像穿珍珠一样穿成一串项链，价值就体现出来了。最难的是要知道哪些东西有价值和如何去发现价值。这就要求对生活有积极的思考。同样的事情，我们做了思考，做了挖掘，做了提炼，找出了特色和亮点，效果就会明显不同。

7.4　技能大师著书立说的模式与方法

技能大师在技术方面都有高招绝活，应该把这些宝贵的无形资产形成文字记录下来，推广出去，产生更大的经济和社会效益。

7.4.1　编写技术技能类著作

技术技能类著作是纯客观表述，关键是如何写得通俗易懂，将知识点与实际很好地结合运用。苏州胡国强金属切削技能大师工作室领衔者胡国强大师2004年成立工作室以来，一边带徒传技术，一边写作，至今已正式出版10部有关机械加工工艺方面的专著。

7.4.2 编写教材、制作教具

教材编写和制作教具最重要的前提是开展调查研究，一要了解教材和教具的需求，二要了解学生（员）的特点，三要了解培训改革的目标，四要了解新课程体系对教材编写的要求。不同时期教材的要求都会有所不同。近几年来正在实施的“工学一体化”课程改革，其中专业课教材的主要内容及格式调整为：由若干工作任务为单位构成的模块式教材，工作任务来自实际工作岗位。这样的改革确实是改到了根本上。图 7—8 反

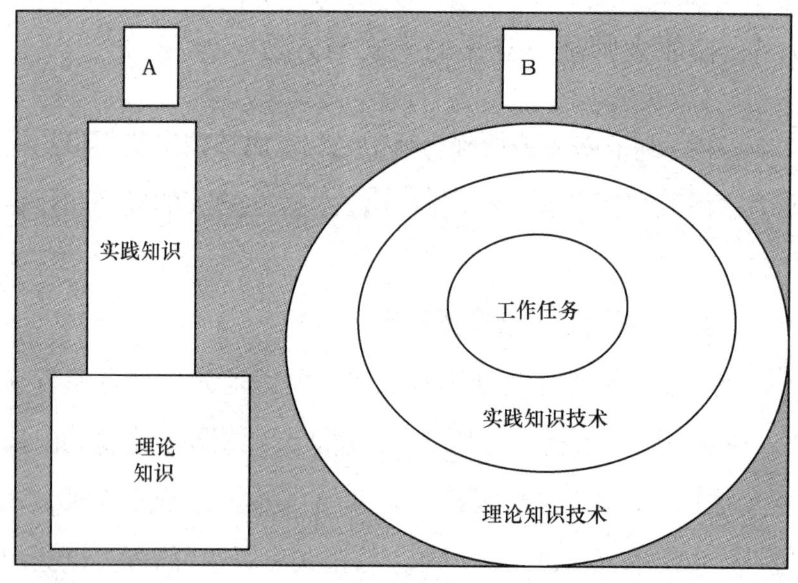

图 7—8 理论知识与实践知识的关系
（A 为传统课程思维模式，B 为新课改模式）

映了理论知识与实践知识的关系。A为传统课程思维模式，理论知识是基础；B为新课改模式，理论知识对实践知识起着理解和解释作用。编写这样的教材对熟悉工作过程的技能大师来说应该是更有优势。

小贴士

行动导向教学模式的教材的主要格式和内容如下：

1. 模块名称：工作任务（一般情况用动词作为表述工作任务的开头）。

2. 学生通过本模块学习应达到的目标（尽量与相关技能鉴定标准挂钩），包括应掌握的技能和所需了解的知识点。

3. 列举工作任务在实际生活和生产中的实例，并通过实例引出问题（通过这样的事例作教学的引子，可以让学生明确所学知识技能在未来职业生涯中的作用）。

4. 学习任务：包括必要的理论知识和经验知识，以及完成工作任务的步骤、方法、应注意的规范、质量要求及其注意事项等。

5. 小结。

6. 思考题。

7. 学生评价内容或方法。

撰写专著和编写教材对于年龄稍大的技能大师来说是有困难的，单位应给予关心，有条件的单位可组织人员由大师口述，他人代笔整理出有价值的理论成果。

7.4.3 拍摄培训音像片

技能类音像教学培训片以其生动直观的优势深受学生（员）的欢迎。这类音像教学培训片是以现场技术操作演示为主，配以解说、字幕、动画、图表等进行技术技能教学培训的。培训音像片有很多优点，得到社会普遍认可，起到了其他教学培训形式不可替代的作用。

例如，在机械制图教学培训中关于三维视图的建立相贯线的形成和绘制，在车工工艺课程中的刀具几何角度的关系和刃磨等知识，对于职业技术学校的学生来说，仅凭课堂上的讲解要理解和掌握这些知识是很困难的。有了音像教学片，问题就简单了，当教师讲到这些问题时通过播放两维或三维技术制作的动画可以非常清楚地了解其形成的全过程和相互关系，学生学起来也很轻松。

又如，对于司炉工进行培训时一个重要概念是炉火中的火口，这在课堂上是根本没有办法讲明白的，而且在实际操作过程中也不能人为制造。但是在技能音像教学培训片中可以展示，达到了在实习操作中也无法达到的效果。

采用音像教学培训片进行教学培训不但节省了教学培训时间，学生（员）对知识的掌握也很牢固。但是，拍摄培训音像片的人、财、物投入较大，要求较高。政府部门和相关单位可有组织地将技能大师尤其是具有绝招绝技的技能大师的技术拍摄成培训音像片。

7.4.4　开展课题研究

课题研究是技能大师开展科研工作的有效途径之一。在课题研究的过程中不断去学习、思考、实践、提高，从而达到在研究中提升自己的技术技能水平和研究水平。做好课题研究工作，一般应掌握11个重点步骤，如图7—9所示。

11. 其他有关问题或保障机制	条件、经费等
10. 课题研究的组织机构和人员分工	组长、组员等
9. 决定课题研究的成果形式	研究报告、案例分析等
8. 课题研究的基本内容及策略	突出重点、确定研究方法
7. 课题研究设计	研究对象、方法、步骤
6. 课题研究的目标	解决的具体问题
5. 课题界定	研究范围
4. 课题研究的指导思想	理论依据
3. 课题国内外研究的历史和现状	文献综述等
2. 制定课题研究方案	研究的具体计划等
1. 做好研究方案应做的基础性工作	调研、学习

图 7—9　课题研究的 11 个重点步骤

案例

苏州胡国强金切刀具技能大师工作室领衔者胡国强大师，从2004年至今，带领25位研修生（徒弟）对各种传统工具、夹具进行技术创新改进，使之应用于现代数控加工设备，功效非凡。其中16个项目获得国家专利；胡大师刃磨的群钻钻削效率，是传统刃磨钻头钻削的3倍以上。如今胡大师所有的研修生都将这一技术运用于实践，并在多项技术技能上取得了创新突破。其中顾星已成长为江苏省省级技能大师工作室的领衔者。之所以取得如此明显的成绩，胡大师带领团队的名言是“学技德为先”“模仿是手段、创新是目的”。

附录 1

《国家级技能大师工作室建设项目实施管理办法》

（试行）

（人社厅发［2013］51 号）

各省、自治区、直辖市及新疆生产建设兵团人力资源社会保障厅（局）：

为贯彻落实《高技能人才队伍建设中长期规划（2010—2020 年）》和《国家高技能人才振兴计划实施方案》，进一步加强对国家级技能大师工作室建设项目的规范管理，推动高技能人才队伍建设，我们起草了《国家级技能大师工作室建设项目实施管理办法（试行）》，现印发给你们，请认真贯彻执行。

第一章　总　　则

第一条　为加强和规范国家级技能大师工作室（以下简称“技能大师工作室”）建设项目管理，确保技能大师工作室建设项目顺利实施，提高资金使用效益，推动高技能人才队伍建设，特制定本办法。

第二条　本办法所指技能大师是指某一行业（领域）技能拔尖、技艺精湛并具有较强创新创造能力和社会影响力的高技能人才。

本办法所指技能大师工作室建设项目是依据申报条件要求，经各省（区、市）人力资源社会保障部门、财政部门评审推荐，人力资源社会保障部、财政部复审确定的技能大师工作室建设项目。

本办法所指项目资金包括中央财政支持技能大师工作室建设项目的补助资金、地方政府安排的配套资金及行业企业支持资金、自筹资金等。

第三条　技能大师工作室建设项目要与区域经济发展密切结合，主要围绕十大振兴产业、战略性新兴产业、先进制造业和经济社会发展急需、紧缺行业（领域）组织实施。

第四条　技能大师工作室主要依托中华技能大奖获得者，部分在技能含量较高的行业和大中型企业工作的高技能人才，以及部分掌握传统技能、民间绝技的技能大师建设。可建在企业或公共职业技能实训基地。

第五条　技能大师工作室的主要功能是发挥高技能领军人才在带徒传技、技能攻关、技艺传承、技能推广等方面的重要作用，面向企业、行业职工及相关人员开展培训、研修、攻关、交流等活动，将技术技能革新成果和绝技绝活加以推广。

第二章　项目申报与评审

第六条　技能大师工作室建设项目申报单位应符合以下条件：

（一）技能大师的条件。技能大师应当是某一行业（领域）技能拔尖、技艺精湛并具有较强创新创造能力和社会影响力的高技能人才，在带徒传技方面经验丰富，身体健康，能够承担工作室日常工作。同时，应具备以下条件之一：

1. 获得中华技能大奖称号；

2. 获得全国技术能手称号或具有技师以上技能水平，积极开展技术技能革新，取得有一定影响的发明创造，并产生较大的经济效益；

3. 具有一定的绝技绝活，并在积极挖掘和传承传统工艺上做出较大贡献。

（二）依托企业建立工作室，企业应当具备的条件：

有符合条件的技能大师；技能人才比较密集；高度重视技能人才队伍建设工作，建立了较为完善的技能人才培养、评价、选拔、使用和激励政策制度；企业职工教育经费用于高技能人才培养、交流等方面的费用不低于 50%，能够为技能大师工作室提供相应的资金支持以及包括场所、设备在内的必要工作条件。

（三）依托公共职业技能实训基地建立技能大师工作室，公共职业技能实训基地应当具备的条件：

有符合条件的技能大师；高度重视技能人才队伍建设，制定了一系列加快高技能人才队伍建设的政策措施；能够为技能大师工作室提供相应的资金支持以及包括场所、设备在内的必要的工作条件。

第七条　技能大师工作室建设项目评审按照以下程序进行：

（一）人力资源社会保障部和财政部下发工作通知，明确申报条件、名额及有关要求。

（二）地方评审推荐。各省（区、市）人力资源社会保障部门和财政部门按照公平公正公开原则，严格审核把关，按照名额、条件要求评审确定项目候选单位，并向人力资源社会保障部和财政部报送有关材料，包括：

1. 省（区、市）人力资源社会保障部门和财政部门关于技能大师工作室项目评审结果报告。

2. 项目候选单位提交的相关材料：

（1）技能大师工作室申报表。

（2）申报报告。申报技能大师工作室职业（工种）、技能大师工作室成立的必要性和现有优势、技能大师简介、技能大师工作室计划目标等。

（3）技能大师工作室所依托的企业或公共职业技能实训基地有关情况说明。包括加快高技能人才队伍建设的政策措施，企业职工教育经费用于高技能人才培养、交流等方面的费用不低于50%的证明材料，能够为技能大师工作室提供资金支持以及场所、设备等工作条件的情况说明。

（4）企业法人营业执照或主管部门批准成立的文件以及组织机构代码证的复印件。

（5）技能大师候选人的身份证、中华技能大奖或全国技术能手获奖证书及技师以上职业资格证书复印件。

（三）部门组织复审。人力资源社会保障部、财政部对技能大师工作室建设项目候选单位进行复审，确定技能大师工作室项目单位。

第三章　项目资金使用范围

第八条　中央财政补助资金主要用于培训用品购置、技能交流推广等费用。地方政府要安排专项资金用于对技能大师工作室技术技能创新研发等活动给予补助，所需资金从地方政府安排的就业专项资金中列支。行业、企业或公共职业技能实训基地为工作室提供办公场所、实训设备等必要的工作条件，并安排技能大师带徒津贴、研究（攻关）项目补贴以及日常工作经费等。

第九条　技能大师工作室建设项目单位要做好以下项目资金管理工作：

（一）严格实行项目管理，完善项目经费管理制度，做到资金到项目、管理到项目、核算到项目；

（二）技能大师工作室项目单位要专款专用，确保资金安全和效益。

第四章　项目产出与评估

第十条　技能大师工作室应形成以下项目产出：

（一）技能大师工作室具备固定的场所和必要的工作条件，定期开展活动；

（二）建立完善的技能大师工作室制度、办法，规范运作；

（三）通过传、帮、带，使技艺技能得到传承，年均为企业或社会培养 8 个以上青年技术技能骨干；

（四）将创新成果、绝技绝活、具有特色的生产操作法及时总结推广。

（五）积极开展技术革新并产生一定的经济效益。

第十一条　各省（区、市）人力资源社会保障部门、财政部门要加强对技能大师工作室建设项目单位的日常指导和管理，健全考核、检查和监督制度，定期对技能大师工作室的建设情况和任务完成情况进行考核和评估，对项目运行存在的问题要限期整改，并将有关情况及时报送人力资源社会保障部、财政部。

第十二条　人力资源和社会保障部将会同财政部，定期对技能大师工作室运行情况进行检查，并按照项目产出要求，对技能大师工作室建设项目实施情况进行分阶段评估。

第五章　附　　则

第十三条　各省（区、市）人力资源社会保障部门和财政部门可根据本办法，结合本地的实际情况，制定具体的项目实施管理办法及细则。

第十四条　技能大师工作室建设项目资金的拨付、使用、管理和监督等，要严格按照财政部项目资金管理办法执行。

第十五条　本办法自下发之日起执行。

第十六条　本办法由人力资源社会保障部负责解释。

人力资源和社会保障部办公厅

2013 年 5 月 13 日

附录 2

关于开展国家级高技能人才培训基地建设项目和国家级技能大师工作室建设项目实施工作检查的通知

人社厅函［2012］437 号

有关省、自治区、直辖市及新疆生产建设兵团人力资源社会保障厅（局）、财政厅（局）、财务局：

为深入了解有关省（自治区、直辖市）贯彻落实《人力资源社会保障部财政部关于印发国家高技能人才振兴计划实施方案的通知》（人社部发［2011］109 号）情况，以及国家级高技能人才培训基地建设项目和国家级技能大师工作室建设项目 2011 年实施情况，总结经验、完善制度、推进工作，定于 2012 年 9 月—10 月开展 2011 年国家级高技能人才培训基地建设项目和国家级技能大师工作室建设项目实施工作的检查。现将有关事项通知如下：

一、检查范围

2011 年确定的 20 个国家级高技能人才培训基地建设项目

和50个国家级技能大师工作室建设项目。

二、检查内容

（一）国家级高技能人才培训基地项目

1. 资金使用合规性和安全性。中央补助资金及地方、行业配套资金的使用情况。重点检查资金使用是否符合专款专用原则，资金使用程序是否规范，是否存在挤占挪用资金等情况。

2. 项目实施进展情况。各国家级高技能人才培训基地项目单位支持的3～5个急需、紧缺高技能人才培训专业（职业）的具体建设情况，包括：专业（职业）内容、建设进度、培训能力及培训结果等。重点检查3～5个专业（职业）的高技能人才培训模式、课程设置、教材开发、师资队伍、实训装备、校企合作能力、技能评价等情况。

3. 项目管理制度建设及执行情况。各国家级高技能人才培训基地项目单位的项目实施管理办法、项目经费管理实施细则等规章制度是否健全和完善。重点检查各项目单位是否建立了相关制度，是否严格按照制度的规定执行项目。

4. 项目产出情况。各国家级高技能人才培训基地项目单位项目阶段性目标和项目最终目标的进展情况。重点检查急需、紧缺专业（职业）的高技能人才培训的数量和质量。同时总结通过实施项目形成的高技能人才培养的规律和创新成果。

（二）国家级技能大师工作室项目

1. 资金使用合规性和安全性。中央补助资金及地方、行业配套资金的使用情况。重点检查资金使用是否符合专款专用原则，资金使用程序是否规范，是否存在挤占挪用资金等情况。同时，检查项目单位所在省（自治区、直辖市）、企业和依托单位资金支持和使用情况。

2. 项目实施进展情况。各国家级技能大师工作室工作场所及工作条件是否具备，是否能发挥大师工作室师带徒作用等情况。

3. 项目管理制度建设及执行情况。各国家级技能大师工作室制度建设是否完善，是否严格按照制度的规定执行。

4. 项目产出情况。各国家级技能大师工作室技术总结推广、技艺传承和技能人才培养的数量和质量等情况。

三、检查方式和时间

（一）检查方式：采取自查和抽查相结合的方式。一是由国家级高技能人才培训基地和国家级技能大师工作室项目所在省（自治区、直辖市）人力资源社会保障厅（局）、财政厅（局），组织项目单位开展全面自查，并形成自查报告，上报人力资源社会保障部和财政部。二是由人力资源社会保障部、财政部联合组成 1～2 个检查组，分赴 2～4 省（自治区、直辖市）进行重点抽查。抽查采取召开座谈会听取地方相关部门、企业及项目单位意见和建议，以及进行实地检查的方式进行。

（二）时间：自查定于 2012 年 9 月中旬开始至 10 月上旬结束。联合检查组抽查时间定于 2012 年 10 月中旬开始至 10 月底结束。

重点抽查的省（自治区、直辖市）、检查组人员构成及具体抽查时间另行通知。

四、工作要求

（一）高度重视，全面搞好自查工作。有关省（自治区、直辖市）要高度重视此次检查工作。人力资源社会保障部门要做好牵头组织工作，会同财政部门研究制订项目单位自查方案，通过自查认真总结项目实施的经验，发现存在的问题和不足，提出改进工作的意见和建议，最终形成项目自查报告。上述相关材料于 2012 年 10 月 8 日前上报人力资源社会保障部职业能力建设司、财政部社会保障司。

（二）统筹协调，做好重点抽查准备工作。被确定为重点抽查省（自治区、直辖市）的人力资源社会保障部门要统筹安排、全力配合做好有关工作，要加强与相关部门、企业和项目单位的沟通协调，做好重点抽查的联络和服务工作，确保重点抽查工作顺利开展。

有关省（自治区、直辖市）人力资源社会保障部门要指定专人做好此次检查的联络工作，并于9月24日前将联系人及联系方式报人力资源社会保障部职业能力建设司。如有任何问题，请及时沟通反映。

人力资源和社会保障部办公厅

财政部办公厅

2012年9月14日